COMINCIAMENTI

a cura di Valentina Valentini

postmedia ● books

Taormina Arte
Taormina video d'autore
30 agosto - 1 settembre 1988

direzione artistica
Valentina Valentini

a cura di
Alessandra Cigala: organizzazione e pubbliche relazioni
Agostino Conforti: direzione allestimenti e coordinamento tecnico
Valentina Valentini: coordinamento generale

redazione
Alessandra Cigala

Cominciamenti
a cura di Valentina Valentini

©2019 seconda edizione, Postmedia Srl, Milano
Prima edizione 1988, De Luca Edizioni d'Arte, Roma
Traduzioni di Francesca Ferraioli

www.postmediabooks.it
isbn 9788874902323

Valentina Valentini

prefazione

Questa seconda edizione di *Cominciamenti* (snellita di alcune parti) si inserisce in un trend recente che manifesta un'attitudine a rileggere il percorso della videoarte, sia attraverso studi che ricostruiscono storie /eventi significativi, che interventi di restauro conservativo di opere video, restituiti alla fruizione pubblica, come anche progetti di censimento e schedatura degli archivi di videoarte.

Cominciamenti, uno dei dieci libri in funzione di catalogo pubblicati annualmente in occasione della Rassegna Internazionale del Video d'autore (1986-1995)[1] nel contesto di Taormina Arte, un festival di danza, musica, teatro e cinema, ci stimola a intercettare, con la consapevolezza e la distanza conquistata, questioni che hanno animato la breve storia della videoarte.

Le ipotesi che sostenevano trenta anni fa la rassegna erano: assumere l'intermedialità - fra film,video,televisione -, come matrice dell'identità ibrida del video, di cui si cercava di affermare il suo "stare fra le immagini"[2]; evitare il formato festival che comportava privilegiare le produzioni recenti, al contrario, l'indagine andava ad analizzare "l'archeologia del video", quanto era stato velocemente accantonato e seppellito negli armadi polverosi dell'ASAC – La Biennale di Venezia, come la produzione di art/tapes 22. Non facilmente fruibili erano anche i due programmi creati per la televisione tedesca, *Land Art* (1969) e *Identifications* (1970) dall'affascinante pioniere utopista Gerry Schum che aveva coltivato l'idea di una galleria televisiva in cui il pubblico, senza muoversi da casa, assisteva in tv al vernissage di una mostra collettiva dal titolo *Identifications* (con opere di Gino De Dominicis, Giovanni Anselmo, Joseph Beuys, Alighiero Boetti, Pierpaolo Calzolari, Gilbert &

---

1. Cfr. https://videodautore.sciami.com, un sito in cui è pubblicata la documentazione dei dieci anni della Rassegna

2. R. Bellour, *Fra le immagini. Fotografia, cinema, video*, B. Mondadori, Milano, 2007

George, Mario Merz, Lawrence Weiner e altri). La sua ipotesi era quella di aprire all'arte un canale attraverso la televisione, non un luogo fisico, ma uno spazio che trasmetta opere realizzate appositamente dagli artisti per quel medium, non documentazione di quadri, sculture, installazioni.

Centrare l'attenzione sulla produzione di queste due precorritrici iniziative europee, i due programmi di Gerry Schum, portati da Colonia da Ursula Wefers in persona in due cassette UMATIC, e i video di art/tapes 22, rastrellati uno per uno negli scaffali polverosi dell'Asac- La Biennale di Venezia dove giacevano dimenticati e abbandonati da più di un decennio, era stata una operazione di recupero "archeologico". Anche perché il lavoro seminale di Gerry Schum aveva trovato in Italia un territorio fertile, contagiando tutti i protagonisti delle prime iniziative di videoarte, da Maria Glora Bicocchi a Renato Barilli con Bologna 70 e molti altri, per cui si portava ad emersione il primo strato delle fondamenta della videoarte in Italia.

Il paesaggio disegnato da *Cominciamenti* ci conduce su temi di cui siamo più consapevoli oggi rispeto a trenta anni fa, basilari per la costruzione di una storia della videoarte in Italia, ossia di un repertorio di opere preservate e riconosciute come bene di interesse culturale. Emerge quindi il tema che oggi siamo abituati a delineare come archivio, di cui caso emblematico **è** quello di art/tapes 22. La dimensione internazionale di art/tapes/22 è attestata dalle opere prodotte e distribuite in collaborazione con la galleria Castelli-Sonnabend realizzate da artisti nordamericani (Vito Acconci, Douglas Davis, Simone Forti, Frank Gillette, Allan Joan Jonas, Charlemagne Palestine, Bill Viola), europei (Daniel Buren, Joseph Beuys, Christian Boltanski, Antoni Muntadas, Urs Lüthi, Les Levine e altri) e italiani; dagli scambi che in quegli anni art/tapes22 è riuscita a promuovere fra Italia e Usa, come la mostra *Americans in Florence, Europeans in Florence* (1974) presentata al Long Beach Museum diretto da David Ross; dalla presenza di Bill Viola come tecnico dell'atelier dal 1972 al 1974, che ha sempre ribadito la rilevanza del periodo di formazione fiorentino; dall'attenzione

verso art/tapes/22 di curatori come David Ross e Barbara London'
il cui ruolo nella promozione dell'arte video è rilevante. Scriveva
Bill Viola: «Costruito sulle energie e i desideri della sua direttrice,
Maria Gloria Bicocchi, il centro è, io trovo, unico nel suo genere
in tutta Europa e negli Stati Uniti, un luogo dove artisti di tutte le
nazioni possono trovare un terreno comune attraverso il mezzo e
dove una situazione operativa personalizzata e positiva apre sbocchi
e canali di lavoro»[3].

Che ne è stato della produzione di art/tapes 22, del suo ricco
repertorio di opere video di artisti internazionali? Ceduta
integralmente all'ASAC- La Biennale di Venezia, quando non
era più possibile sostenere i costi per il mantenimento dell'atelier
da parte della fondatrice, la collezione è stata accantonata,
contraddicendo alle clausole del contratto che ne prevedeva la
valorizzazione e promozione, dal 1976 al 2006, quando Giorgio
Busetto, illuminato direttore dell'Archivio, decise di avviare il
restauro delle opere video, affidandole al Laboratorio La Camera
Ottica dell'Università di Udine[4].

Altro tema di riflessione che *Cominciamenti* stimola è la verifica
del ruolo che artisti e critici hanno giocato nel percorso della
videoarte, premettendo che non è stato affatto scontato definire
artista, né tantomeno regista il realizzatore di opere video, dato che
eravamo mossi dal bisogno di prendere le distanze sia dal cinema
che dalle arti visive - con le quali pure il video era implicato -,
preferendo la definizione di autore che rieccheggiava la dimensione
del film sperimentale in cui la produzione era organicamente in
mano, dalla ideazione al montaggio, alla figura del filmmaker
su cui si ricalcava la definizione di videomaker. Se guardiamo la
situazione italiana attraverso art/tapes22 (ma non è detto che non
si possa generalizzare come connaturato all'identità del video),

---

3. Si veda il testo che Bill Viola scrisse nel 1974, *La scena europea e altre osservazioni*, in cui confronta
la sua conoscenza ed esperienza della situazione tecnologica e produttiva del video negli USA con
quella europea e italiana che stava incominciando a conoscere attraverso il lavoro di direttore tecnico
ad art/tapes, ivi, p. 4. Cfr. C. Saba (a cura di), *Arte in videotape*,Silvana editoriale, Cinisello Balsamo
(Mi), 2007. Il restauro non ha prodotto una svolta nelle strategie di promozione e diffusione di questo
patrimonio da parte dell'istituzione veneziana che persevera in una custodia privatistica del repertorio di
opere video prodotte da art/tapes22.

verifichiamo una marcata discontinuità del coinvolgimento di artisti e critici nel territorio della video arte. Il dato eccezionale è la presenza di opere di artisti italiani per i quali la sperimentazione del dispositivo elettronico ha rappresentato un'esperienza unica e singolare: Vincenzo Agnetti, Alighiero Boetti, Pier Paolo Calzolari, Marco Del Re, Giuseppe Chiari, Jannis Kounellis, Giulio Paolini, Gino De Dominicis, Sandro Chia, hanno realizzato una sola opera video, caso unico in un percorso che non è stato affatto segnato da questa isolata esperienza[5]. Infatti gli artisti italiani di art/tapes/22 non abbandonarono la pittura per il video e quindi neanche ritornarono dal video alla pittura, con la conseguente crisi che artisti come Peter Campus, Vito Acconci, Joan Jonas hanno attraversato a metà degli anni Settanta.

Discontinuità ancora più rilevante, quella della critica: un anno dopo che la collezione delle opere video prodotte e distribuite da art/tapes/22 viene ceduta all'Asac –La Biennale di Venezia, in assenza di sostegni finanziari, Germano Celant pubblica il libro *Off Media, nuove tecniche artistiche: video libro disco*[6]. Il saggio che Celant dedica al video prende in esame la produzione della galleria Castelli-Sonnabend di New York e i programmi televisivi realizzati da Gerry Schum (*Wipe Cycle*, *Filz Tv* di Beuys, *Contacts* di Acconci, *Light On* di General Idea 1971, *Duet* di Joan Jonas 1972), ma non include l'esperienza pilota di art/tapes/22. Assenza incomprensibile, dal momento che Celant aveva frequentato l'atelier.

Questo libro può essere assunto come paradigmatico dell'atteggiamento dei critici italiani nei confronti del nuovo medium: un interesse dettato da situazioni contigenti piuttosto che da una convinta inclusione dei nuovi media nell'orizzonte artistico della contemporaneità. Tant'è che dopo il 1977 il nuovo territorio

5. La tesi di di Alessandro Del Puppo e Denis Viva è che gli artisti italiani di art/tapes/22 abbiano usato il medium elettronico per rinnovare generi, stili e iconografie della tradizione pittorica. (Sartorelli rivisita la Pala di Montefeltro di Piero della Francesca) e per mettere alla prova la riconoscibilità di un genere come il ritratto (Lucio Pozzi, *Portrait of Maria Gloria* (1975), Jean Otth, *Portrait de Laura Papa* (1974). Cfr. Alessandro Del Puppo e Denis Viva, *Il videotape e gli artisti: art/tapes/22* in C. Saba (a cura di), *Arte in videotape* cit., p. 141

6. Germano Celant, *OffMedia. Nuove tecniche artistiche: video disco libro*, Dedalo libri, Bari 1977 (in italiano e inglese)

cartografato, non senza impaccio lessicale e teorico, in *OFFMEDIA* non viene più preso in considerazione. D'altra parte Celant non è l'unico a rimuovere l'atelier di Firenze, neanche Vittorio Fagone, vivace sostenitore dell'arte elettronica, fa riferimento a art/tapes/22 nelle sue ricostruzioni delle origini del video. Sembra che le nuove tecnologie in campo artistico in Italia siano rimaste, fino agli anni novanta, divaricate fra una difesa ideologica e acritica del nuovo, una caccia alla novità da parte di critici e galleristi, e un altrettanto ideologico rifiuto.

Se ci chiediamo, quali questioni emergano dalle testimonianze e dagli scritti degli artisti inclusi in *Cominciamenti* (1988), ne ricaviamo un repertorio dell'estetica videografica anni Settanta.

Alla base del progetto della Fernsehgalerie di Gerry Schum, c'era l'idea di considerare la Tv un medium essenzialmente visivo: trasmettere le opere *su video*, così si esprime Daniel Buren, ed è significativo che pensi al monitor televisivo come un supporto su cui imprimere l'immagine. Mandare in onda *Identifications* e *Land Art*, attraverso i canali televisivi di tutto il mondo", per Schum e per molti degli artisti che aveva coinvolto, significava interrompere il triangolo galleria–studio–collezionista: «Quando questo traguardo sarà raggiunto, il triangolo cesserà di esistere», sosteneva Daniel Buren, che auspicava che i musei acquistassero le opere video degli artisti e li mettessero a disposizione «più o meno nel modo in cui funzionano le biblioteche pubbliche»[7].Che l'interesse degli artisti, sia in Europa che negli Usa verso il video, fosse motivato da istanze sperimentali e radicali si riscontra da molti temi: produrre un video non si coniuga con il protagonismo e l'individualismo dell'artista che crea il capolavoro, in quanto nega l'unicità dell'opera, distribuita in più copie piuttosto che acquistata come unicum. Anche perché l'opera è modificabile, non definitiva. «Il video, attesta Vito Acconci,[...] è un dispositivo che permette di fare qualcosa e nello stesso tempo controllare ciò che sto facendo [...] correggere i miei errori e andare avanti passo passo»[8]. In quest'ottica si rifiutava la finzione

---

7. D. Buren, *Testimonianze*, Ivi, p.

8. V. Acconci, Una testimonianza, Ivi, p.

spettacolare: il video non è televisione, non fornisce spettacolo di massa, ma come una performance crea un evento, perché l'esito non è predeterminato, si cerca e si scopre solo agendo, al cospetto del fruitore. Il video degli anni Settanta era il medium dell'intimità in pubblico, un mezzo per esercizi giocati sulla restituzione in diretta della propria immagine.Reciprocamente si inchiodava lo spettatore a guardarsi guardare, dove al posto dell'opera trovava predisposto il dispositivo spettatoriale, il che significava smantellare, il sistema dell'arte.

Lo sguardo che *Cominciamenti* nel 1988 lanciava su «quel caos sconnesso, quelle attività eterogenee che non potevano essere teorizzate come coerenti o concepite come se avessero un'essenza o un nucleo unificante»[9], ci appare a distanza, un modo di procedere nel caos scegliendo delle piste e scavando oltre la superficie. La consapevolezza che si trattasse di una forma affrancata dai vincoli convenzionali, priva di norme standardizzate, stimolava a praticarla per comprendere in che modo reinventava le forme del moderno, contribuiva cioè a penetrare nel contemporaneo. E proprio da questa sua difformità che si riusciva a oltrepassare i limiti dei linguaggi istituiti come identità autonome e autosufficienti e a sostenere la dimensione liminare del video, che a posteriori Rosalind Krauss ha definito come "la fine della specificità mediale". Analogamente, quello che la stessa studiosa evidenzia come l'impossibilità per il video di costruire una teoria, si trasformava in un presupposto per andare oltre la teoria come sistema.

Roma 14 febbraio 2019

---

9. R. Krauss, *L'arte nell'era postmediale*, Postmedia Books, Milano 2005, p.23

Valentina Valentini

Il clamore e la voce

Prologo

Ogni «inizio» è radicalmente contingente,
e dunque nell'impossibilità di fondare alcunché.
(Cacciari, 1985)

a) Sono stata indotta a riflettere sull'apparire e sul disparire delle forme artistiche, dalla controversa vicenda della pratica video, così accidentata che costringe quei pochi studiosi che tentino di storicizzarla, a mutare, a distanza di pochissimo tempo, i protagonisti principali, destinazioni e prospettive dei loro racconti. Ricominciare ogni volta la storia delle origini, ha il senso e lo scopo di determinare una sua meta e un suo destino.

Al momento attuale mi sembra che il video stia dileguando la speranza di esistere come forma artistica autonoma, troppo fragile per resistere separatamente dai grandi sistemi audiovisuali già esistenti, e che continui a vivere alimentando altri linguaggi (le arti visuali e plastiche, il cinema, il teatro). L'intertestualità sembra essere la sua vocazione più autentica, quella che si trova "alle origini". Il video interpreta la parte del medium che si immola di fronte al compito di interconnettere in una rete di relazioni i diversi sistemi isolati.

È da questa prospettiva che vedo nel video un punto di vista significativo, quando la pratica della sua autonomia dal cinema, dalla televisione, dalle arti plastiche si sta dimostrando perdente. Anche se ci sono autori di opere valide, non si è creato in questi anni *lo spazio* per far vivere una specifica produzione d'autore. Il video oggi esiste essenzialmente mescolato con le arti plastiche, fuori dall'apparato di produzione televisivo, come una componente testuale di opere costruite polifonicamente.

Il video come opera audiovisuale è in declino anche perché lo è la civiltà dell'immagine. In un mondo che muta la realtà fisica in segni, l'arte contemporanea resiste alla derealizzazione cercando qualcosa che permane (Serres, 1987). Infatti il dispositivo codificatore oggi dominante è l'architettura, la scultura, la parola-voce.

b) Da più di mezzo secolo, si è scoperto che la nostra percezione del tempo come concatenazione di causa ed effetto è illusoria, purtuttavia ci deve essere una ragione profonda (forse la vertigine di potersi voltare a piacimento in tutte le direzioni) perché essa sia così connaturata come forma di raffigurazione e comprensione del mondo. "Ma non vi è propriamente né inizio né causa. Ciò che riteniamo inizio è altrettanto fine, e ciò che immaginiamo causa è altrettanto effetto" (Cacciari, 1985).

Le avanguardie storiche hanno significato una fine e un inizio: "l'estasi negativa della rappresentazione", la fine dell'opera figurata e l'inizio del pensiero rafffigurante il proprio farsi. Le nuove avanguardie, il cui apice si è dispiegato negli anni Settanta, hanno portato a compimento la disintegrazione della forma rappresentativa, professando la vocazione dell'illimitato, dell'inafferrabile, del fluire.

L'impasse attuale delle arti è che fare dopo l'esaurimento sia della forma storica della rappresentazione tridimensionale, prospettica, empatica, sia dell'aldilà della rappresentazione.

c) Manipolare in questo studio le categorie di inizio e fine, è una convenzione metodologica.

Mettiamo per ipotesi che "l'origine" dell'arte degli anni Settanta siano le teorie artistiche elaborate dalle avanguardie storiche nel primo ventennio del novecento (da Mondrian a Malevič, da Artaud a Joyce e Kafka). Le teorie artistiche delle neoavanguardie, rispetto a quelle di fine novecento rappresenterebbero un *compimento* del processo storico, un suo culmine, mentre e simultaneamente le nuove avanguardie degli anni Settanta verrebbero a marcare un "inizio" nei confronti dell'arte avvenire. Sarebbero contemporaneamente un compimento, rispetto alle avanguardie storiche e un inizio, rispetto alla incognita x, che è l'oggetto di questo studio.

Con una siffatta ipotesi possiamo tentare di costruire una rete di interazioni spazio-temporali in cui agiscono *figure* che si fanno portatrici del racconto delle esperienze intercorse in questo continuum che va dagli anni Settanta a oggi, le dramatis personae del dramma della sparizione dell'arte (Baudrillard, 1988).

L'obbiettivo è quello di analizzare il presente da una distanza storica, evitando di adottare il lontano passato come una maschera che protegge dalle incertezze del tempo in corso.

d) *Alcune cose non ci sono più*

Procedendo nell'operazione di archiviazione delle forme storiche del passato prossimo, si incontrano categorie estetiche sulla cui inattualità potrebbero non esserci dubbi. Mi riferisco a dispositivi che hanno codificato l'esperienza degli anni Settanta, e che non sono più attivi nelle pratiche artistiche in corso:

L'indifferenza per la techné e la sua ignoranza. Aveva iniziato Warhol con i suoi film e hanno proseguito i performer, avventurosi oltrepassatori di ogni frontiera linguistica (Charlemagne Palestine, Vito Acconci e altri). *L'inciampo, il disturbo*, l'immissione dell'extra-artistico come costitutivo del discorso di rottura dell'opera, di sua messa fuori gioco: far scivolare il set nel film (come le istruzioni di Tavel agli attori nei film di Warhol), ostruire la vista (come in alcuni spettacoli di Foreman).

L'autoriflessività nel senso che il processo del farsi del significato coincide, senza lasciare resti, con il processo di destinazione e costruzione dell'opera. Il suo senso sta tutto nel titolo, senza necessità di fare appello al dialogo critico, come in *Videotape 1974* di De Dominicis, dove una donna seduta di fronte alla telecamera chiede ad un *tu* invisibile, quale videotape vuole vedere. Una voce fuori campo - quella dell'artista - risponde: "Il videotape di De Dominicis". La donna guardando la telecamera chiede: "Ma è questo il videotape di De Dominicis?" E la voce fuori campo: "Sì". Lei guarda ancora e poi: "sono seduta e guardo me stessa. Voglio che voi mi guardiate". Dopo un po' si alza ed esce dal campo visivo. *Il valore forte del contesto*, rispetto all'opera e all'evento, non più cornice, ma tensione a legare soggetto e oggetto, spettatore e evento. Questo spostamento, dall'opera alle sue circostanze di produzione e ricezione, è emblematizzato dallo spettatore che anziché incontrare l'opera, incontrava se stesso nell'atto di guardare.

La presenza del presente, equivalente alla testimonianza dell'"esserci", al di là dell'opera, dell'evento e dell'autore. Il tempo dell'opera è l'intervallo necessario a compiere un'azione, non è predeterminato da istanze testuali, ma viene delegato a necessità extrartistiche. Nei primi video, per esempio, la durata dell'azione era misurata dalla lunghezza del nastro magnetico, elemento estrinsico che interveniva ad *interrompere* in un istante casuale, il flusso illimitato dell'azione che si stava registrando (Chris Burden, *Afternoon at Portarossa Hotel*, 1975, dove non si sa chi vincerà la partita di Black Jack che Burden e Alexis Smith giocano di fronte alla telecamera). La performance è stato un processo aperto che aveva problemi di stabilire un termine di inizio e fine, per cui lo aspettava dall'esterno da sé. Lo sfinimento fisico di Charlemagne Palestine in *Body Music 1 e 2* (1973-1974) per esempio, ha determinato la durata naturale dei due video, commisurata alla resistenza del suo corpo. Nell'attesa che un qualche evento intervenisse dall'esterno a porre fine, il performer ripeteva la stessa azione, tornava da capo.

Il disprezzo per il mondo dell'arte e per la finzione spettacolare ai quali si opponeva il culto della realtà in tutte le sue forme: oggetti, luoghi, comportamenti.

L'evento, come specifico carattere sperimentale dell'opera - la performance - non solo perché avviene qui e ora, ma anche perché l'esito non è predeterminato, si cerca e si scopre solo agendo, al cospetto del fruitore.

1.1 *Il Basamento**

Joseph Kosuth, assertore del valore dell'arte concettuale "teoretica" (che distingue da quella "stilistica", spuria, sopravvenuta quando l'establishment aveva deciso di assimilare le nuove forme d'arte), ha elaborato il gesto esemplare di Duchamp - collocare un oggetto qualsiasi su una base, il *pissoir* che diventa una fontana -, applicandolo con radicale coerenza al suo lavoro: l'analisi sul contesto di produzione dell'arte.

Il discorso sul ready-made, negli anni Settanta si è complicato, innanzitutto perché con la pop art tutta la realtà era diventata un vasto deposito di ready-made, compresi gli artefatti prodotti

* I paragrafi che seguono costituiscono il tentativo di uno svolgimento storico che proceda per coppie di *figure* in cui diacronia e sincronia si compenetrino l'una nell'altra. A tal fine la numerazione dei paragrafi, distingue in 1 (le figure degli anni Settanta) e 2 (quelle degli anni Ottanta), ma li accoppia nello svolgimento del racconto per evidenziare la loro contiguità spazio-temporale.

industrialmente. (Nacquero anche i ready-made televisivi, fatti con spezzoni di trasmissioni tv come *décollage* TV di Vostell). In secondo luogo perché il *basamento*, inteso come contesto culturale e sociale in cui l'operare artistico viene fruito, assume su di sé tutto il peso nel determinare il senso dell'opera. Infatti, fuori da un contesto, l'opera appariva all'artista "astratta", incapace di sopravvivere nei confronti degli apparati in cui si era organizzato il sistema dell'arte (il triangolo gallerie, collezionisti, studio di cui parlava Gerry Schum nei primi anni Settanta, quando per sfuggirvi inventò l'idea di una galleria televisiva). Valutare il ruolo del contesto procede di pari passo con la demisticazione della natura "trascendentale dell'arte" e la comprensione dei meccanismi concreti della realtà, sia da parte dello spettatore che dell'artista. Con i nuovi "ready-made" che sono, negli anni Settanta, corpi e luoghi, non si pone più solo la questione se si tratti o meno di arte di presenza di "oggetti" e materiali extra-artistici, perché il ready-made degli anni Settanta non è più un oggetto trovato, ma un evento, un'azione che l'artista fa in presenza di un testimone in un luogo, qualcosa che non tramanda ma consuma nella presenza. In tal caso il basamento è necessario per dare valore alla non-opera, all'evento e al gesto, per creare *l'aura dell'evanescenza*, scomparsa quella dell'unicità. Era il "qui ed ora" della presenza di performer e spectator che legittimava l'*evento come opera*

Gli atti precedenti a questa drammaturgia della sparizione (dell'opera), secondo una formula di Baudrillard (1988), sono quelli agiti dalla body-art, che aveva fatto coincidere autore e opera nel corpo e nella presenza dell'artista in azione, nell'aver reso indissolubile performance - come processo di costruzione, dispendio di energia non finalizza a un prodotto, ma al suo proprio consumarsi e rigenerarsi - con l'opera stessa come evento.

Il nuovo statuto dell'arte degli anni Settanta era la sua non oggettualità, il suo non essere separabile dal corpo dell'autore - produttore non di beni materiali ma di esperienze - e da quello dello spettatore.

Nel gesto di Duchamp era giocata una estrema sfida alla nascente serializzazione, la capacità sacralizzante del gesto dell'artista che con il semplice additare costituisce l'opera, il cui valore discende non dall'oggetto ma dall'artista. Negli anni Settanta i nuovi ready-made sono gli artisti stessi, che usano come oggetto trovato il proprio corpo. Duchamp con i suoi ready-made discorreva con il sistema dell'arte, sfidandolo in un titanismo disperatamente ironico; Beuys o Vito Acconci si armano ancora più ferocemente, eliminando la mediazione dell'opera-oggetto e avocando lo spettatore come testimone dell'atto che rimane solo nella sua coscienza. L'attività spettatoriale fornisce il *basamento* dell'arte delle neo-avanguardie.

2.1 *La città*

Oltre che come testimone, lo spettatore degli anni Settanta era un "errante" che non poteva fermarsi su una sola posizione: era costretto ad aggirarsi inquieto fra le membra sparse che l'artista disponeva nello spazio (si tratti di lavori di Beuys o Carl Andre, di spettacoli di teatro ambientale o della proliferazione organizzata con ordine della scena di Wilson). La pluralità dei punti di vista corrispondeva al relativismo concettuale e alla pluralità dei paradigmi di un pensiero filosofico fuori ormai dalla metafisica. Il soggetto spettatore era chiamato in causa autorevolmente perché rimasto l'unico punto saldo, essendo scomparsa l'opera e contemporaneamente la possibilità stessa di farla esistere analiticamente.

L'*erranza* era una qualità indispensabile per avere accesso all'opera, che si allungava nello spazio, in orizzontale, occupando una superficie vasta. Non era possibile mantenere una postazione fissa, se non scegliendo preordinatamente di mancare alle regole del *viaggiatore*, che è un topos dell'estetica degli anni Settanta.

Il mondo degli ultimi "poemi" di Peter Handke è animato da personaggi che hanno tutti in comune con la voce narrante un aspetto: l'abitare provvisorio in qualsiasi parte del mondo, la condizione esistenziale "di colui che è sempre in procinto di partire per luoghi lontani" (1987:16). *Essere in viaggio*, equivale a temperare il timore dell'assoluto, come convenzioni storiche stabilite e come certezza metafisica, per "aprirsi" a degli universali umani. *Tenere la porta aperta* serve a scongiurare la perdita del linguaggio: l'immobilità è sentita come una malattia e nello stesso tempo come uno stato ideale.

Passeggiare per la città è un'attività alla quale lo scrittore presta particolare cura, rappresentando il contatto con il mondo, l'uscita fuori dalla tana, dove l'isolamento è totale. La passeggiata dello scrittore Handke (1987) si dispone in un continuum di percorsi urbani e mentali insieme, simile all'attività dello spettatore che si aggira, nell'*environment* costruito per lui, dove il lavoro di interconnettere i vari pezzi coinvolge sia un'attività fisica che psichica.

La città come luogo delle interconnessioni funziona da paradigma per l'arte di questo ultimo decennio, che guarda all'architettura come dispositivo ordinatore che può offrire modelli per collegare in un sistema ciò che nel decennio precedente si è dato come dilatato sulla superficie. Le opere di Dan Graham (*Two Cubes, one 45 rotated*, 1986; *Cinéma 1981, STAGE I: The Film is Projected; the Interior is Dark e STAGE II: The Film is not Projected; House Lights Are Up*), Judith Barry (*Model for Stage and Screen, COCA, Coca-Cola Pavillon*, 1987) e di molti artisti, sia quelli che nei primi anni Settanta sono stati coinvolti nell'area della performance art, che dei più giovani, educati alla scuola dell'arte concettuale, sono delle opere architettoniche (scatole, stanze, veri e propri edifici come la *Gelateria* di Thomas Schütte costruita nel 1987 nei giardini a Kassel, *Fami Home* di Guillaime Bijl del 1988) in cui si può entrare. In questi spazi l'azione dello spettatore è irrilevante; l'opera non prescrive il suo comportamento, anche se traccia il suo percorso.

Questa tendenza costruttiva e plastica (che le installazioni video hanno anticipato e nello stesso tempo codificato in un genere), esprime l'attuale concezione di flessibilità dello spazio, il suo concentrarsi e distendersi. Peter Halley (1987) conduce, a tale proposito, un'analisi interessante sul passaggio dalla rappresentazione dello spazio lineare - propria dell'arte stratta dei primi del novecento - a quello circolare attuale, che si ritrova nei *video-games*, nella computer-graphic, nei supermarket. Per Halley, la fine dell'era cartesiana, ha fatto emergere il modello circolare, che è quello della Rete, del *cell conduit*, il misterioso alimentatore elettrico nascosto nei sotterranei degli edifici. Soffermandosi sulla natura della superficie circolare, Halley la fa derivare dal percorso della linea che ritorna ad avvolgersi su se stessa, per cui il cerchio attuale sarebbe un'implosione del lineare (non tanto un'alternativa oppositiva). Infatti, il massimo sviluppo della linea, la sua estatizzazione, si può raffigurare come una spirale, generata da un punto che ha un moto uniforme sopra un raggio, mentre questo ha un moto di rotazione in un piano.

Circolarità e verticalità sono le forme dello spazio-tempo di questo ultimo decennio, uno spazio che ha recuperato all'opera e allo spettatore una frontalità che tende a chiuderlo in un cerchio protettivo. La città è lo spazio organizzato dalle stratificazioni di più tempi, e l'opera che l'assume come modello, è un sistema interrelato di più parti, non frammenti su una superficie vasta lungo la quale lo spettatore si sceglie il suo percorso, ma organismo in cui è costretto a seguire delle direttrici.

1.2 *Il dis-correre*

La pratica artistica degli anni Settanta ha lavorato a partire dalla rottura dei limiti della cornice, mettendo in atto diverse strategie di fuoriuscita dal "quadro". L'utopia delle avanguardie storiche dell'opera totale, capace di riunire ciò che era stato separato, ha celebrato i suoi compimenti e il suo annullamento nel gesto esorbitante dell'arte del decennio scorso.

Nei due programmi televisivi di Gerry Schum *Land art* (1969) e *Identifications* (1970), la differenza fra natura e uomo, soggetto e oggetto, dentro e fuori, paesaggio e inquadratura che lo delimita, è ancora chiarissima: l'artista della *Land art* cerca un contatto con la natura, abitandola, percorrendola, inserendo in essa le sue azioni.

In un video di Douglas Davis, *The Florence Tapes* (1974), giocato sulla tensione a stabilire un contatto non neutrale con colui che guarda, l'autore costruisce un'azione in più atti rivolta esplicitamente a un "tu" che sta fuori dalla cornice del monitor, con la cui presenza presupposta discorre. Il lavoro di Davis è esemplare per il modo in cui concentra gli elementi comuni all'estetica video dei primi anni Settanta: localizzazione del soggetto enunciante e del soggetto destinatario, "stabilire dove sto io e dove stai tu"; sottolineatura dell'atto del discorso: "è proprio a te, spettatore che io ho deciso di rivolgermi"; l'interlocuzione diretta al fine pragmatico di introdurre dei comportamenti nello spettatore: "togli i vestiti e buttali contro lo schermo del televisore". L'uso della seconda persona del discorso, il "tu", attesta che il video degli anni Settanta era il medium dell'intimità in pubblico, una intimità imbarazzante, che sfiora con Vito Acconci (*Home Movies*, 1973) la seduzione erotica, il cui atto finale, sarebbe potuto essere quello in cui la spettatrice immaginaria risponde all'invito dell'uomo che le parla dal monitor ed entra dentro la scatola televisiva.

A distanza di dieci anni, la finestra che faceva da trait d'union fra interno ed esterno è pressocché scomparsa, e insieme la distinzione fra fisico (il paesaggio) e psichico (l'uomo che lo guarda). Nelle opere video di Bill Viola natura e uomo si equivalgono, la natura vibra con il corpo e le emozioni di colui che sente il suo pathos. Il meccanismo di estatizzazione - da fisico a psichico, da corpo a immagine e viceversa, dal segno alla cosa -, si manifesta ancor più chiaramente nelle sue ultime installazioni. In *Passage* (1987) l'immagine proiettata su un grande schermo è così corposa da sembrare malleabile, elastica. Al posto della finestra che collegava il paesaggio con l'uomo che lo contemplava, è rimasta la complessa rete di percezioni attraverso cui assorbiamo e modellizziamo il mondo, magnificata dagli effetti prodigiosi della tecnologia. Solo che il mondo in quanto realtà esterna, si percepisce a stento, dilegua. Privilegiata è la risposta sensoriale del corpo tecnologico che riceve e trasmette segnali la cui provenienza è invisibile.

Passage rappresenta il compimento delle azioni effimere degli artisti che affidavano al video la funzione di superficie in cui specchiarsi, per non riconoscersi: "io non sono Taka Iimura", o per celebrare il rito dell'identificazione come sdoppiamento. Le smorfie di Arnulf Rainer, sono appena l'antecedente archeologico degli ingrandimenti mostruosi di narici, orecchie, parti del corpo con cui *Passage* ci investe, rendendo irriconoscibile il corpo umano in azione di inghiottimento del mondo e il mondo stesso.

La destituzione della polarità dentro-fuori, soggetto-oggetto, natura-uomo, cultura-natura e la restituzione degli effetti dell'avventura introiezione dell'esterno, trasforma il dis-correre dentro-fuori in un movimento di forze reversibili a doppio percorso in cui il fuori e il dentro hanno accentuato la loro differenza, ma in un sistema dinamico di configurazione di energia. Più che saltare da una parte all'altra, il discorso contemporaneo si dà senza polarità tragiche, dove la differenza si svolge come manifestazione dell'uno. La dualità di corpo e immagine ne *La camera astratta* (Studio Azzurro - Giorgio Barberio Corsetti, 1987) agisce per contrasti fra trasparenza e plasticità, ma in entrambe le manifestazioni, è sempre l'attore che agisce qui e ora, in immagine dal set e dal vivo, sulla scena.

2.2 *Il supermarket*

Dal landscape naturale degli anni Settanta a oggi, si è percorso un tragitto che ha portato dall'aperto (la natura, la città) al chiuso (l'edificio). Landscape naturale e urbano coesistevano come *luoghi* dell'errare in superficie dello "spectator" negli spettacoli di Wilson degli anni Settanta, come anche nei video di Bill Viola degli anni Ottanta e nei "poemi" di Peter Handke.

Uno dei sette *template* (luoghi deputati e strutture ricorrenti dell'opera video *Perfect Lives* realizzata da Robert Ashley, John Sanborn e Peter Gordon (1978-1983) è il supermarket, fra le cui isole colorate si aggira Robert Ashley nel ruolo del compratore che scivola con lo sguardo sulle merci esposte e a volte si sofferma per appropriarsene.

Come la città è il modello di sistema interrelato e funzionante di produzione testuale, così il supermarket, nel pensiero per equivalenze socio-topologiche della riflessione contemporanea, corrisponde al dispositivo che regola i rapporti attuali fra "spectator" e opera. Nel supermarket sono esposti oggetti lucidi e ben confezionati che attraggono aldilà della loro effettiva qualità e il cui valore di scambio risponde a logiche di mercato autonome (cfr. il lavoro di Jeff Koons e di Haim Steinbach).

Fra gli artisti statunitensi il supermarket è diventato il dispositivo modellizzante dell'attuale sistema dell'arte, il topos di un immaginario che ha sostituito ai fantasmi dello schermo cinematografico, divenuto ormai un luogo da archeologia dell'immaginario novecentesco (cfr. Dan Graham *Cinema* 1981) e alla fantasmagoria degli impulsi luminosi dello schermo televisivo, oggetti tangibili che hanno un peso e una consistenza. La serialità variata delle merci negli shopping center stimola la fantasia di neo flâneur delle metropoli di fine secolo come i *Passages* parigini avevano stimolato Baudelaire e poi Benjamin.

Gli artisti nordamericani della nuova generazione che hanno studiato alle università l'arte concettuale, portano nella loro pratica artistica una forte componente di pensiero sociologico, dove l'influenza di Baudrillard ha sostituito quella di McLuhan. Le loro opere sono commenti, esemplificazioni di idee sociologiche che però non hanno più la forza di riduzione autoriflessiva e letteralizzante che aveva l'arte concettuale degli anni Settanta, di cui sono i prosecutori. Il saggio di Judith Barry *Casual Imagination* (1987) affronta il tema delle differenze fra lo spettatore di film e programmi televisivi e il consumatore di merci. Dalla comparazione ne deduce che alle controverse relazioni di identificazione e transfert, proprie del rapporto di fruizione introdotto dai nuovi media audiovisuali - messo violentemente in crisi negli anni Settanta - fa fronte la relazione attuale, semplificata sul possesso dell'oggetto: il soggetto spettatoriale non è più né testimone che l'evento è avvenuto, né errante, colui che unisce gli *Scattered pieces* di Carl Andre, ma lo *shopping subject*: "The store is the plane upon which the subject and object are united in a real sense" (ibid.:359).

Il modello del supermarket delimita lo spazio chiuso in cui il nuovo flâneur si avventura per le sue esplorazioni e dove può appropriarsi dell'oggetto dei suoi desideri, eliminando la distanza fra sé e l'opera. Rientrando in un luogo definito, il suo sguardo non incontra ostacoli, scivola nell'attesa di un punctum. Sia l'erranza che l'ostruire la vista, presupponevano uno spettatore forte, la cui presenza dava esistenza all'evento. Negli anni '80, il passaggio dall'evento dell'opera, ha portato un indebolimento dello spettatore: più l'opera si definisce e minore è il lavoro dello spettatore.

In questi ultimi anni stiamo assistendo al trasbordare dell'oggetto fuori dalla cornice del monitor, al suo passare da immagine a cosa. Il dispositivo elettronico ha favorito questo passaggio di status dell'immagine che, attraversata da *squeezoom* e da laser, ritoccata dai dispositivi della computer graphic, è esplosa dal bidimensionale al tridimensionale. Il video, scriveva Fargier (1985), tratta male i corpi, come aveva fatto a suo tempo il *burlesque*. Infatti nelle opere video degli anni Ottanta, mentre l'oggetto aveva assunto un corpo lucido e pingue, la figura umana si era assottigliata, mangiata dalla luce, resa diafana e defigurata. Oggetto e corpo umano agivano indipendentemente l'uno dall'altro, disancorati in uno spazio-tempo senza direttrici e senza gerarchie: l'uomo non era più importante dell'oggetto: un ribaltamento di 360 gradi dalla body art.

1.3 *Cum-templum*

Nella generazione di artisti nordamericani degli anni Ottanta, si distinguono due atteggiamenti nei confronti dello "shopping subject", uno più pacificato, per il quale l'arte non si distingue dall'intrattenimento, anzi serve a migliorare la qualità ludica, il décor: l'oggetto non ha bisogno di essere interpretato per essere goduto. L'altro, invece vuole conservare all'arte una funzione non rassicurante: "vorrei che la mia arte uccidesse", dichiarava alcuni anni fa Robert Longo, colpito dalla resa alla commercializzazione di molti artisti dell'area della performance. A questa ala appartengono gli eredi dell'arte concettuale e della performance art, gli artisti più influenzati dal pensiero europeo, quelli che hanno studiato le teorie filosofiche e sociologiche sull'arte nella società industriale, coloro che discorrono con media diversi, che li interconnettono in una stessa opera, come Jenny Holzer, Judith Barry, Robert Longo, la stessa Laurie Anderson, Barbara Kruger.

Questi due diversi atteggiamenti, risalendo all'indietro, si ritrovano dell'ambiguità della poetica di Andy Warhol che faceva dire a Beuys (1981), che Andy era una persona quasi religiosa perché "cerca di eliminare tutto, cerca di portare tutto a un punto zero. Cerca di essere sordo a tutto". Warhol era affascinato dall'artificiale (il mondo del cinema, Hollywood), dagli oggetti lucidi e piatti che incontrava nella realtà metropolitana: "il mondo mi incanta (...) dipingo ciò che conosco meglio". Il suo era uno sguardo di superficie: "mi piace essere un vuoto". La perfezione per lui stava nella piattezza, nella mancanza di profondità: "meno una cosa dice più è perfetta" (Warhol, 1978 : 24). Nei suoi film degli anni Sessanta il soggetto stava fermo nell'inquadratura, per far sì che lo spettatore, guardando sempre la stessa immagine, potesse anche vagare con la mente, "si abitua a se stesso". L'ente (il molteplice) e il *niente* (nel senso di ne-ente: non esistente) vivono pericolosamente sulla soglia nel lavoro di Warhol.

Il problema che si pone nel valutare il passaggio dall'estetica dell'erranza a quella dell'appropriazione dell'oggetto, è capire quali differenti effetti raggiungano queste diverse strategie.

L'erranza produce distanza e capacità di relazione, mentre il possesso è appagamento cieco, che non fa vedere. Lo sguardo che scivola sulla superficie è invaso dalla fantasmagoria delle forme del visibile, è uno sguardo malato di realtà, che lascia passare tutto.

La questione del vuoto è al centro dell'arte degli anni Settanta e del suo corrispettivo originario, il pensiero dei teorici dell'arte astratta, da Malevič a Mondrian. Nello spazio della superficie, soggetto e oggetto sono uniti sulla soglia di un illimitato senza referenti noti, ma concreto (cfr. Cacciari, 1985).

L'arte povera, l'arte concettuale, la performance art, hanno sgombrato il terreno dalle stratificazioni culturali, dalle convenzioni artistiche, dagli apparati dell'arte e della cultura, praticando la volontaria dimenticanza come condizione per poter organizzare la festa del non esistente. Ma, per parteciparvi, allo stesso modo in cui il performer allenava il suo corpo a superare i limiti fisici e psichici, lo spettatore doveva imparare ad uscir fuori dal proprio "io" quotidiano, stare in quella condizione ideale che Robert Wilson ha previsto essere quella adatta ai suoi spettacoli, ossia il dormiveglia.

Le procedure più comuni messe in atto per addestrare lo spettatore alla dimenticanza di sé, sono state l'*autoriflessività* e la *ripetizione*.

Alle origini, il video per molti artisti è stato un mezzo per esercizi di autocontemplazione, giocati sulla restituzione in diretta della propria immagine. (Vito Acconci ad esempio "si autoregistrava"). Reciprocamente si inchiodava lo spettatore a guardarsi guardare, dove al posto dell'opera trovava predisposto il dispositivo spettatoriale.

Nel secondo caso, il dispositivo dell'iterazione ha abituato lo spettatore a fare attenzione non agli eventi della fabula ma ai micro eventi dell'intreccio, lo ha portato a considerare differenti nozioni di inizio, culmine e fine, a rilevare che possono esserci molteplici culmini e numerosi inizi come nel video di Marina Abramović, *Art Must Be Beautiful, Artist Must Be Beautiful*.

Il dispositivo dell'iterazione, nell'estetica degli anni Settanta, ha funzionato per svuotare il racconto di senso e restituirlo alla sua essenza di atto del narrare, alla ritualità di celebrare la compresenza, nella quale anche il silenzio è virtualmente un racconto.

L'estetica della performance art si fondava sull'esercizio del *contemplare*, ovvero lo spectator era ammesso nel cerchio (templum) che l'augure descriveva per osservare al suo interno il volo degli uccelli, il che significava condividere uno spazio sacro, nel quale attendere che gli eventi naturali si inscrivessero. Il dato più significativo dell'attività di colui che contempla non è tanto l'essere attivo o passivo, vagante o immobile, quanto quello di risvegliare in sé la sapienza della conoscenza che passa attraverso il corpo di uno spettatore che è riuscito a uscir fuori di sé. Questa conoscenza non è quella di colui che decifra i simboli e i segni, che antepone lo "studium" al "punctum".

2.3 *Il trionfo del sole*

*Durante le ultime ore trascorse in casa, quanto di più
attorno a lui si era fatto silenzio, lo scrittore era stato incalzato
dall'ossessione che fuori nel frattempo il mondo non esistesse più
e che lui nella sua stanza fosse l'ultimo sopravvissuto; (...)*
(Handke 1987 : 18)

L'opera di Gerhard Merz (*La vittoria del sole*, 1987) è il rovescio del
pensiero di Malevič espresso per la prima volta in occasione dello
spettacolo teatrale *La vittoria sul sole* (1913), con il mezzo quadrato
nero che aveva risucchiato la luce per liberarsi dalle forme visibili,
dalla realtà che incatena al divenire. Malevič aveva addensato la
luce del sole per riuscire a vedere dal buio un altro mondo che la
fantasmagoria del reale impediva di vedere. Il nero, come il silenzio,
significava la possibilità di vedere il nuovo, sconfiggere la catena
del tempo irreversibile e della morte, la polarità tragica di luce e
tenebre, spettri e figure. Nel suo evidente riferimento a Malevič,
l'opera di Merz assume esemplarmente la sconfitta dell'utopia
dell'arte astratta dei primi del secolo: l'arte non ha avuto la forza
di andare oltre il visibile, anche se è riuscita ad andare oltre la
rappresentazione del mondo, oltre l'immagine. La vittoria del sole
invece è la sconfitta di un assoluto, l'utopia di creare nuovi mondi,
oscurando quelli attuali. Anzi, con l'arte di questi ultimi anni, il
mondo viene prepotentemente in scena. Con l'estetica oggettuale
(da Steinbach a Koons, da Peter Fischli e David Weiss a Thomas
Schütte, da Guillaume Bijl a John Armleder), l'arte ricostituisce
il mondo a grandezza naturale, non più iconograficamente o
fantasmaticamente. Siamo fuori dalle differenze fra segno e cosa,
fuori dalla polarità tragica, in un terreno omogeneo in cui il
linguaggio cerca di aderire alla cosa stessa.

Sembra che in questo modo l'arte combatta la dematerializzazione
del mondo, dove la realtà fisica, la presenza della cosa, è una
reazione di fronte al pericolo di derealizzazione in atto.

Conservare il mondo sembra la preoccupazione più forte dell'arte
in corso, museificare le forme del reale garantisce, mediante la

sottrazione al flusso del consumo, un riparo e una immoralità alle cose esistenti. È una tendenza che rivela un atteggiamento nostalgico e sentimentale, che è di per sé una messa a morte delle forme reali e delle forme espressive, le prime museificate, le seconde costrette a operazioni di modellismo, in scala naturale o fuori scala. Il dispositivo del museo è l'equivalente del supermarket nel modellizzare la funzione "conservatrice" dello spazio della creazione artistica, in un inventario esotico di tutte le forme e i materiali esistenti, pietrificati come fossili, catapultati da altri pianeti, oppure in uno stadio di decomposizione, attaccati da malattie inquietanti (*Silicate 1988* di Tony Cragg), frammenti sopravvissuti al disastro nucleare come all'oblio del mondo. Prende terreno la fantasia macabra di Peter Greenway, quando immagina *A Zed & Two Noughts*, la messa a morte degli animali di uno zoo di fronte a un obbiettivo fotografico che ne riprende la decomposizione. L'arte tardo-moderna erige monumenti alla morte, sia quando museifica le forme del visibile, nell'oggettistica, sia quando celebra la liturgia funeraria della sparizione dell'altare, erigendo sarcofagi di marmo. Cimiteriale è la gelidità della perfezione formale dell'arte di Robert Longo, altrettanto imbalsamati sono gli oggetti d'uso quotidiano, tirati fuori dal flusso della vita. L'arte contemporanea parla ancora del vecchio mondo identificando la scomparsa di questa realtà storica, con il nulla, una fine contingente con la Fine.

La pratica dell'oblio della performance art aveva agito nei confronti della storia, come dimenticanza, rifiuto da parte dei padri - raccolti nel tempo futuro del progetto (quello di Beuys di creare la città di Dio sulla terra) - di tramandare. Il decennio successivo, quello cosiddetto postmoderno, non ha riscattato la storia, l'ha invece naturalizzata, approfittando della invalidazione del modello lineare irreversibile per indebolire la distanza fra i tempi del passato e del futuro, con lo scopo di utilizzare il passato come repertorio, di saccheggiarlo come banca dati, distruggendo i contesti. È la condizione denunciata da Kosuth in *Necrophilia mon amour* (1982): "Non c'è relazione critica con l'arte del passato, ma solo revisitazione cannibalesca, tesa alla sua cancellazione attraverso ridondanti celebrazioni. L'opera del passato si usa come natura, qualcosa di rinvenuto da usare..." (Kosuth, 1987 : 122).

La caduta della opposizione cultura-natura, naturale-artificiale è un altro elemento che attesta la fine delle polarità tragiche e l'insorgere del deserto sconfinato in cui non è possibile trovare rifugio. In questo senso il passato e il ricordo non sono più orizzonti di fuga, luoghi di cura dalla malattia del tempo (Rella 1981), né lo è la natura turbata dall'uomo che vi ha portato la morte, minacciata da presenze che compaiono sul monitor come puntini neri in lontananza che si avvicinano ineluttabilmente (Bill Viola, *Chott-el-Jerid*, *Anthem*, *Hatsu-Jume*). Ma non si tratta di un contrasto tragico, quanto dell'accettazione partecipe che la morte e la vita sono indissolubili.

Il supermarket, il cimitero, il museo, sono figure reciproche: il rito funerario là si compie con la cultualizzazione delle merci: dare immortalità all'oggetto di serie, rivestendolo di acciaio per impedire la sua deperibilità (Koons), dove il suo lucore, è proprio quello del cadavere imbellettato. L'operazione simmetrica ed inversa è quella di ridurre a repertorio iconografico la storia dell'arte, di neutralizzarla.

La liturgia tombale dell'arte di questo fine secolo celebra le macerie e, monumentalizzandole, non le rimuove né le attraversa.

Epilogo

Gioca la partita. Comprometti ancor più il lavoro. Non essere il protagonista. Cerca il confronto. Ma agisci senza secondi fini. Evita i pensieri riposti. Non lasciar passare nulla sotto silenzio. Sii arrendevole e forte. Sii scaltro, fatti coinvolgere e disprezza la vittoria. Non osservare, non esaminare, ma tienti pronto di spirito a cogliere i segni. Lasciati scuotere. Mostra i tuoi occhi, ammicca nell'intimo dell'altro, prepara l'ambiente e considera ciascuno nel suo quadro. Decidi solo nell'entusiasmo. Naufraga senza scomporti. Soprattutto datti tempo e vai per le lunghe. Lasciati distrarre. Fai ferie, per così dire. Presta ascolto ad ogni albero e ad ogni ruscello. Entra in ristoranti dove hai voglia e goditi il sole. Scorda i familiari, incoraggia gli sconosciuti, chinati su cose di poco conto, non evitare di imbatterti nel vuoto dell'uomo (...)
(Handke, 1981 : 21)

Quali sono le figure di una drammaturgia della resistenza (dell'arte) di fronte alla minaccia della sua sparizione? Quali sono le qualità delle opere che sono andate oltre la celebrazione della morte e della museificazione del reale?

Fare silenzio, azzittire le molteplici voci soggettive che aumentano il clamore, ostacolando l'ascolto della Voce che deve essere ascoltata, la parola che emerge dal silenzio e dalla solitudine.

L'annuncio: l'ultima scena del poema drammatico di Peter Handke *Über die Dorfer*, ha luogo in un cimitero campestre di un piccolo paese, dove Nova, il personaggio le cui parole sono ispirate, emesse a fatica come le rivelazioni, tiene un discorso in forma di precetti, consigli e esortazioni, sintetizzabile in una massima: "Non fatevi dissuadere dall'aspirare alla bellezza", opporre ottusamente tensione e speranza come scudo nei confronti delle rovine del mondo.

L'attonitus: Nova, come i bambini che popolano i poemi di Handke raffigura l'ispirata, il *tonto* nietzschiano che è presa da sacro entusiasmo, invasa da una voce che la fa parlare. La sua capacità nell'esortare, la sua conoscenza di verità altre, proviene dalla sua separatezza dal mondo (infatti parla da sopra il tetto della Chiesa). La sua freschezza è il suo non prendere parte, essere estranea per meglio vedere e ascoltare.

Trasfigurare: lo scenario in cui nova tiene il suo discorso è un cimitero, ma il luogo da simbolo di morte e lutto è trasformato in un simbolo di vita e purezza naturale, luminoso e verde.

La profezia: Nova ha la capacità di immaginare, grazie alla sua energia interiore, una realtà differente da quella del luogo in cui si trova: "me lo vedo davanti come se non fosse un luogo qualsiasi, ma il teatro di un avvenimento, e come se l'annerito dei muri non fosse la fuliggine del tempo passato, ma il colore di quel che sta per venire, di un temporale, di un nugolo di frecce che passando tinge il sole di nero. È il vuoto che precede la festa e insieme il senso di protezione che emana da una barricata di carri in cerchio" (ibid.: 71).

Trasmettere è l'azione efficace che compie Nova in un luogo salvato dal tempo, come è il cimitero. Comunicare è una funzione scomparsa nel tempo presente dove gli uomini sono diventati inghiottitori muti che divorano con una voracità insaziabile, ma non sono in grado di assimilare e rielaborare quello che hanno afferrato con i loro sensi. Il mondo in loro precipita, resta inarticolato.

giugno 1988

Riferimenti bibliografici

Barry, J., "Casual Imagination", in Wallis, B. (a cura di), *Blasted allegories, an Anthology of writings by contemporary artists*, New York, The New Museum of Contemporary Art, 1987

Barry, J., "Notes of Model for Stage and Screen", in (a cura di) C.C. Bakargiev, *Non in codice*, Roma, 1987

Baudrillard, J., *La Sparizione dell'arte*, Milano, Politi Editore, 1988

Beuys, J., *Factotumbeuys. Un'intervista di Pierre Restany*, Verona, Edizioni Factotum-Art, 1981

Cacciari, M., *Le icone della legge*, Milano, Adelphi, 1985

Charles, D., "L'estetica della performance", in *Alfabeta*, n. 93, febbraio 1987

Graham, D., "Cinema 1981", in *Non in codice*, Roma, 1987, cit.

Halley, P., "On line", in Wallis, B. (a cura di), *Blasted allegories, an Anthology of writings by contemporary artists*, New York, The New Museum fo Contemporary Art, 1987

Handke, P., *Über die Dorfer. Dramatisches Gedicht*, Frankfurt am Main, Suhrkamp Verlag, 1981 (trad. it. *Attraverso i villaggi. Poema drammatico*, Milano, Garzanti, 1984

Handke, P., *Nachmittag eines Schriftsellers*, Residenz Verlag, 1987 (trad. it. *Pomeriggio di uno scrittore*. Parma, Guanda, 1987)

Koons, J., "Intervista di G. Politi", in *Flash Art*, novembre 1987

Kosuth, J., *L'arte dopo la filosofia. Il significato dell'arte concettuale*, Genova, Costa e Nolan, 1987

Malevič, K., *Scritti* (a cura di A.B. Nakov), Milano, Feltrinelli, 1977

Rella, F., *Miti e figure del moderno*, Parma, Pratiche editrice, 1981

Renard, D., "Marie-Jo La Fontaine", in *Flash Art*, Eté 1985

Serres, M., *Statues. Le second libre des fondations*, Paris, Ed. F. Bourin, 1987

Steinbach, H., "Intervista di Michele Cone", in *Artics*, marzo-aprile-maggio 1988

Viola, B., Catalogo della mostra al Museo di Modern Art, New York, novembre 1987

Warhol, A., "Intervista", in A. Aprà ed E. Ungari, *Il cinema di Andy Warhol*, Roma, Arcana editrice, 1971

Gerry Schum

Nato a Colonia il 15 settembre 1938.

Nel 1958 studia medicina a Monaco.

Tra il 1961 e il 1963 studia presso il Deutsches Institut für Film und Fernsehn (DIFF) di Monaco; organizza e partecipa a festival di cinema underground; è assistente del regista Valdo Kristl per il film *Der Damm*.

Nel 1964 si trasferisce a Berlino dove è presente alla fondazione della Film und Fernseh Akademie Berlin.

Dal 1966 al 1967 è studente alla Film und Fernseh Akademie Berlin presso il dipartimento di regia, contro di discussioni sulla posizione e la funzione dell'accademia stessa; scrive una sceneggiatura sullo stile di Jean-Luc Godard, per un film mai realizzato a causa delle restrizioni imposte dall'accademia; sottopone al direttore dell'accademia la proposta di istituire una 'classe d'arte' separata che possa usufruire di maggiore libertà, oltre che di un insegnamento tecnico e pratico; fa il cameraman per il film del collega-regista Jonathan Briel *300 Geburstag*.

Nella primavera del 1967 lascia l'accademia. Nel luglio dello stesso anno realizza un filmato sulla *VI Biennale d'Arte di San Marino*, trasmesso il 24 agosto dalla rete WDR III di Colonia.

Nel gennaio 1968 sposa la critica d'arte Hannah Weitemeier e lavora al film *New York*. In maggio comincia a pensare ad una 'videogalleria', la "Fernseh-Galerie Berlin". In estate realizza il film *Konsumkunst-Kunstkonsum*, trasmesso il 17 ottobre dalla rete WDR III di Colonia (negli stessi giorni della fiera d'arte Art Cologne).

A settembre si trasferisce ad Haan Bruchermühle, vicino a Düsseldorf. In ottobre inizia la sua collaborazione con Ursula Wevers.

Dal dicembre 1968 al marzo 1969 lavora alle riprese di *Land Art*, prima video-mostra.

Il 15 aprile 1969 *Land Art* viene trasmessa in televisione dal canale Sender Freies di Berlino.

A luglio sposa Ursula Wevers. Da ottobre inizia a spostarsi su un 'laboratorio mobile'. Dall'11 al 18 ottobre viene trasmesso il lavoro di Keith Arnatt *Self-Burial* dalla rete WDR III di Colonia, un programma della Fernseh-Galerie Gerry Schum. Sempre in ottobre progetta un altro lavoro da produrre sotto lo stesso marchio, *Artscapes*, ma non riuscirà a realizzarlo. A dicembre viene trasmesso un altro lavoro della sua galleria, *TV as a Fireplace* di Jan Dibbets.

Tra luglio ed ottobre del 1970 lavora alle riprese di *Identifications*, seconda video-mostra, che viene trasmessa il 15 novembre dello stesso anno dalla rete televisiva Südvestfunk Baden-Baden. A dicembre inizia a realizzare videotape.

Dal 1971 al 1973 Schum ha una sede stabile: la Videogalerie Schum a Düsseldorf.

Nel 1972 è invitato alla Biennale di Venezia e a Documenta di Kassel con una selezione della sua produzione, da lui presentata. A novembre dello stesso anno iniziano le consultazioni per l'istituzione di un dipartimento di video all'interno del Folkwang Museum di Essen.

Nel marzo 1973 Gerry Schum muore suicida a Düsseldorf. La sua vedova, Ursula Wevers, ne eredita la videoteca.

DORINE MIGNOT
Gerry Schum, un pioniere

L'idea della galleria televisiva

Gli schedari della mostra *Land Art*[1] - la prima mostra televisiva ad essere realizzata da Gerry Schum - contengono un testo di Schum che spiega il suo piano per una "Fernseh-Galerie Berlin" (Galleria televisiva di Berlino). L'idea originale differiva fondamentalmente dall'ultima concezione di *Land Art*, come vedremo.

Nell'abbozzo originale egli scriveva:

"Le mostre che sono allestite a Berlino devono fronteggiare sempre enormi problemi di trasporto: non solo le opere d'arte devono essere trasferite in aereo a Berlino, ma anche i critici e i visitatori della Germania Occidentale incontrano difficoltà nel raggiungere la città. La 'Fernseh-Galerie', fungendo da spazio fittizio di una mostra, porterà contemporaneamente nei vari luoghi informazioni ed opinioni riguardanti un particolare tema artistico [...].

L'apertura di questa mostra televisiva deve far parte della "Akademie der Kunste" (Accademia delle Arti) [...] dove gli artisti partecipanti e la popolazione di Berlino possono assistere alla trasmissione dal vivo su un grande Eidophor [...]. La mostra sarà accompagnata da un catalogo. Il criterio per la selezione degli artisti e delle tendenze artistiche per la presentazione nella mostra televisiva, è verificare se ci si può aspettare che i concetti di base (delle opere e delle tendenze, n.d.t.) possano contribuire alla promozione del cambiamento culturale e sociale [...].

Gli oggetti d'arte non saranno presentati nel contesto statico e isolato in cui l'arte è abitualmente obbligata a manifestarsi [...]. Invece, ci saranno oggetti d'arte e progetti d'arte, l'idea, la realizzazione e il consumo dei quali sono mostrati in modo specifico per mezzo di tecniche riproduttive cinematografiche". Mentre il processo di realizzazione era ancora "in fieri", i critici presentavano i progetti al pubblico:

La mostra non presenta prodotti finali, ma processi dell'operare artistico, durante i quali i desideri del consumatore d'arte entrano in gioco in una sorta di "feedback".

I seguenti saranno i primi progetti ad essere analizzati dalla "Fernseh-Galerie Berlin": New Babylon (Nuova Babilonia) di Höke, l'estetica statistica di Von Graevenitz, l'acqua, il fuoco e gli eventi dell'aria di Constant, e la torre di luce di Schoeffer. Gli oggetti risultanti da questi progetti saranno portati fuori dai musei e dalle gallerie e riprodotti negli ambienti quotidiani delle case degli spettatori.

Il testo di Schum mostra che l'idea originale era di creare una galleria televisiva a Berlino, e che la posizione isolata della città rappresentava un fattore significativo nella concezione del tutto. Soprattutto Bernard Höke, artista e amico di Schum, era stato ostacolato dall'isolamento nelle manifestazioni e nelle mostre che aveva organizzato all'"Art Lab" (Laboratorio d'arte) di Berlino.

Un'altra fonte di ispirazione per il concepimento della "Fernseh-Galerie Berlin" fu fornita dal revival, nella seconda metà degli anni Sessanta, degli ideali democratici, fenomeno molto importante nella Berlino di quegli anni.

"Era con gli ideali democratici in testa che volevamo rendere conto della posizione dell'arte moderna, o almeno offrire al pubblico in generale un'opportunità di scoprire le nuove tendenze artistiche. Non volevamo mostrare il lavoro di un solo artista, ma collocare idee e processi in un contesto, per cui fosse possibile un'interazione col pubblico.

Queste mostre d'arte dovevano essere organizzate da una sorta di triumvirato: Schum sarebbe stato responsabile degli aspetti filmici, Bernard Höke degli aspetti artistici, mentre io ero responsabile degli aspetti storico-artistici"[2].

Tuttavia, la "Fernseh-Galerie Berlin" non fu mai realizzata in questa forma, per due motivi principali. Per cominciare Gerry Schum aveva fatto due filmati sull'arte per la rete WDR III di Colonia che lo avevano portato a contatto con un gran numero di artisti, ed era entrato in familiarità con l'arte contemporanea in un periodo in cui profondi cambiamenti stavano avendo luogo nel campo artistico. Già nel 1967 Schum aveva realizzato un documentario sulla sesta Biennale d'Arte a San Marino. Quando ottenne il permesso, nel giugno 1968, dalla SFB di realizzare almeno un progetto sotto il titolo provvisorio "Fernseh-Galerie Berlin"[3], stava già lavorando a un secondo filmato per la WDR III (*Kunstkonsum - Konsumkunst / Consumo dell'arte - arte del consumo*)[4], che aveva alcune affinità col progetto "Fernseh-Galerie Berlin" per quanto riguardava il soggetto. Il tema del filmato era la copia in arte, e la visualizzazione di tale tema consisteva nel mostrare il processo creativo della copia nello studio dell'artista, all'ingegnere e al proprietario della galleria veniva data la possibilità di affermare il proprio punto di vista. Ma nello stesso tempo Schum cominciò a sentire che c'era qualcosa di contraddittorio nel collocare oggetti e dipinti di fronte a una telecamera, riprodurli attraverso il mezzo di una pellicola e presentarli in televisione[5].

Per capire la seconda ragione che allontanò Schum dal progetto iniziale dobbiamo risalire alla sera del 7 settembre 1967 a Francoforte, dove alcuni artisti, tra i quali Dibbets, Long, Höke e Flanagan, tenne una mostra che durava dalle 7.45 alle 9.55 pomeridiane, in cui non venivano esposti oggetti di natura permanente: la mostra consisteva in situazioni con acqua, aria e sabbia, che non lasciavano dietro nessuna tangibilità, nessun oggetto vendibile[6]. Le stimolanti possibilità che sorsero da questo nuovo approccio all'arte non mancarono di ispirare anche Schum[7]. Jan Dibbets, che aveva già conosciuto l'anno prima, gli fece visita nel febbraio 1968, insieme ad un altro artista olandese: Ger van Elk. Da allora in poi Schum cominciò a raccogliere ogni possibile informazione sui nuovi sviluppi dell'arte, i cui esponenti non partivano tutti dalla stessa concezione di base, anche se c'erano ovvi paralleli nel modo in cui lavoravano. Aspetti comuni si ritrovano soprattutto nei materiali non ortodossi che impiegavano, nella natura dei luoghi che sceglievano per lavorare, nella sostituzione del tradizionale carattere statico di gran parte dell'arte con una tipologia di processo, che si svolge nel tempo, e di sequenza; nella formulazione concentrata (per es. verbale) della concezione di base del loro lavoro (arte concettuale).

L'aspetto più notevole di queste nuove idee era che esse non riguardavano più il raggiungimento di un equilibrio statico o una struttura di serie, ma che tutta l'attenzione era concentrata su fenomeni naturali e in corso d'opera. Un altro aspetto molto importante fu che l'opera d'arte non aveva niente a che fare con l'"assumere un atteggiamento", ma che la concezione stessa poteva determinare un intervento *in* o faccia a faccia con ogni situazione reale, proprio come poteva impiegare qualsiasi mezzo per la sua realizzazione visuale.

In termini concreti questo implicava che l'arte visiva poteva impiegare ogni materiale - inclusi terra, mare e cielo - come le proprietà del processo dei diversi materiali; e che i mezzi del linguaggio fotografico e cinematografico potevano essere usati dagli artisti sia allo scopo di registrare momenti all'interno di quei processi, sia per arrivare ad una forma di plasticità sulla base dell'idea. Gli artisti che lavoravano in questa direzione crearono i loro primi lavori soprattutto fuori dal circuito ufficiale del museo; alcuni di loro (specialmente negli Stati Uniti) approfittarono di situazioni di gallerie d'avanguardia, come per es. la mostra *Nine in a Warehouse*[8].

Stimolanti furono anche i diversi eventi che ebbero luogo in America e in Europa, come ad Amalfi, dove, nell'ottobre 1968, artisti convennero sull'opportunità di intraprendere azioni sotto il titolo *Arte povera e azioni povere*, e ogni giorno, a turno, un artista diverso faceva qualcosa nella cittadina. Uno di essi fece il bucato in una piazza; Ger van Elk ornò di frange il basamento di un edificio. A Torino, un gruppo di artisti, tra i quali Pistoletto, Paolini, Zorio e Merz, diede il via ad una cooperativa: immagazzinarono le loro opere in un deposito, facendo così a meno delle gallerie d'arte. Alla Cornell University, a Ithaca, venne organizzato un simposio e una mostra dal titolo *Earth Art*, con diversi progetti realizzati al chiuso e all'aperto. I progetti all'aperto furono collocati in paesaggi remoti, per il gusto delle dimensioni, della relazione con la natura, ma anche per il piacere della liberazione dell'opera d'arte dalle restrizioni delle situazioni di galleria e dai meccanismi di mercato. Gerry Schum era presente a tutti questi eventi, e gli artisti partecipanti erano quelli che Schum invitò a prendere parte alla sua "Fernseh-Galerie".

Così quando cominciò a lavorare al suo progetto, nel gennaio 1969, la concezione della sua "Fernseh-Galerie" aveva subito diversi cambiamenti fondamentali: non un programma sull'arte, ma opera d'arte, pensata appositamente e realizzata per essere mostrata attraverso il mezzo televisivo, come Schum scrisse nell'introduzione a *Land Art*[9].

È a questo punto che Gerry Schum fece il suo passo rivoluzionario cambiando il nome "Fernseh-Galerie Berlin" in "Fernseh-Galerie Gerry Schum".

Le altre affermazioni di Schum nell'introduzione a *Land Art*, come "il triangolo studio-galleria-collezionista è infranto [...] la galleria televisiva originata dall'idea di mettere a confronto un pubblico quanto più vasto possibile con le tendenze contemporanee nello sviluppo internazionale dell'arte", rappresentano, infatti, tutto ciò che rimane delle idee originali, dopo quel periodo iniziale di Berlino.

Ma solo pochi artisti partecipanti condividevano la convinzione di Schum.

Il film come medium dell'arte visuale

Il fatto che virtualmente tutti gli artisti invitati da Schum pensarono di creare qualcosa destinata a essere ripresa, provocò la questione se ci fossero affinità fra il lavoro di questi artisti e il mezzo filmato. Perché, anche se alcuni artisti negli anni Venti usarono il film come proprio mezzo espressivo, ci vollero altri quaranta anni perché gli artisti cominciassero a lavorare su larga scala con gli strumenti di registrazione dell'immagine.

Apparentemente ci volle ancora di più per stabilire un legame permanente fra arte visiva e mezzi di registrazione. Fu soprattutto attraverso l'arte minimal che il legame poté essere stabilito: "nella Minimal art, grazie alla consistente riduzione della struttura dell'opera d'arte, la distinzione ravvisabile fra produzione e realtà è stata eliminata, e i mezzi plastici provati della loro tradizionale funzione [...]. L'arte può avere la funzione, come mezzo senza valore estetico, di rendere possibile al fruitore di sperimentare la realtà da nuovi punti di vista. Così fu aperta la strada per i materiali e i mezzi che erano stati considerati non ortodossi fino ad allora (compresi il linguaggio verbale, la fotografia e il film); in primo luogo essi furono usati per creare certe condizioni per l'osservazione e l'immaginazione del fruitore"[10].

Nella seconda parte degli anni Sessanta, gli artisti erano tutti coinvolti nell'uso del tempo come mezzo per visualizzare idee e processi; lo spazio divenne un elemento essenziale del lavoro, e l'aspetto immateriale (la dematerializzazione dell'arte)[11] divenne sempre più importante, spostando perciò l'enfasi sull'idea.

Il fatto che questi elementi di tempo, spazio e dematerializzazione divennero così intrinsecamente presenti nell'arte visiva, come mai prima d'allora, spiega il perché il video divenne il mezzo adatto per alcuni artisti "visivi". Dopo tutto, la pellicola registra la realtà in virtù di una rapida successione di immagini (16 o 24 al secondo); definisce lo spazio per mezzo della cornice e lo rappresenta su un piano bidimensionale, riducendolo così ad un disegno immateriale di luce ed ombra. L'aspetto immateriale non richiede ulteriore commento perché è inerente al filmato, ma è interessante vedere come gli aspetti del tempo e dello spazio sono trattati, e in alcuni cani manipolati, nelle produzioni di Schum. Perché è precisamente il livello in cui questi elementi filmici sono incorporati all'opera d'arte ultimata, che determina il ruolo giocato dal film come un mezzo plastico nell'opera.

L'aspetto temporale

Il film può avere una certa durata per manifestare un certo oggetto, come nel caso di Zorio e Walther[12], o per mostrare un intervento nel paesaggio, come gli specchi di Smithson o i solchi di Oppenheim, per cui un concetto prende forma in una situazione fisica. In questi casi la durata del film non deve essere la stessa della realtà che ritrae. Nel film che mostra dei processi, nel senso dello svolgersi di un'azione (per es. Rinke che beve un litro di acqua) e nei film in cui il processo è enfatizzato come azione (per es. Rüchriem che disegna dei circoli), il tempo è indissolubilmente legato all'azione, e la durata del film è uguale al tempo reale che ci voleva a compiere l'azione.

Anche in diverse opere che sono sempre più legate alla visualizzazione di un'idea (per es. le opere di Boetti e De Dominicis), il tempo del film è lo stesso del tempo reale.

Nel lavoro di Walter De Maria, inoltre, gli aspetti del tempo e dello spazio sono uniti. La distanza che De Maria copre fra le due linee è equivalente alle tre rotazioni complete della macchina da presa, cosicché il panorama lentamente scorre lungo tutto il filmato, mentre De Maria viene inquadrato una sola volta in ogni rotazione della macchina da presa mentre continua a camminare fra le due linee. De Maria: "Ho usato la macchina da presa come uso la scultura, come una struttura, come un concetto minimale. Di base, questo film è una scultura minimale"[13].

L'aspetto spaziale

Lo spazio è definito dalla cornice dell'immagine e rappresentato su un piano bidimensionale. Il tipo più comune di rappresentazione crea un'illusione di realtà tridimensionale: all'aperto, nel lavoro di De Dominicis, e nello spazio più ristretto di una stanza, nell'opera di Beuys.

Al contrario, Gary Kuehn enfatizza la bidimensionalità dello schermo televisivo mediante le linee che disegna nell'immagine; nello stesso tempo esse sono riferimenti alle arti grafiche. Mario Merz "muove" il vetro opaco dell'immagine televisiva due cm. più indietro, mettendo un chiodo su una lastra di vetro mentre egli stesso è chiaramente visibile oltre il vetro. Nel lavoro di Oppenheim, il solco è ripreso da un aeroplano, cosicché deve essere visto per un po' di tempo come una linea che si muove stranamente attraverso un piano. In *Proportionsbestimmung (Determinazione di proporzioni)* di Franz Erhard Walther le proprietà che definiscono la cornice sono state assunte come soggetto; ciò è manifestato dalle mani di Walther che indicano alternativamente il bordo verticale e orizzontale della cornice; la cornice che sceglie, che esclude lo spazio.

Ma ancor di più dell'aspetto temporale, quello spaziale è soggetto a manipolazioni da parte di alcuni artisti, prendendo come soggetto la rappresentazione vera e propria dello spazio tridimensionale su un piano bidimensionale.

Primo fra tutti Richard Serra che, in *China Girl* disegna una linea su ogni foglio successivo di carta e conseguentemente lo strappa dal blocchetto. Poiché il colore dei fogli diventa sempre più scuro, l'azione del disegnare una linea su un piano, gradualmente si trasforma nell'azione di tagliare lo spazio.

Richard Long "traduce" una passeggiata nella brughiera in termini filmici riprendendo ogni mezzo miglio, zoomando con la macchina da presa nel paesaggio e ottenendo così la profondità o il piano, che è tipico dell'uso delle lenti cosiddette "fish-eye" nel film e in fotografia. Jan Dibbets mostra la tensione fra bi e tridimensionalità nel suo lavoro *Diagonals* come in *12 Hours Tide Object (Oggetto in un periodo di 12 ore)*. Nel secondo lavoro egli disegna una forma nella sabbia (un trapezio) che risulta sul piano bidimensionale dello schermo televisivo come un rettangolo, parallelo ai bordi della cornice dell'immagine.

Le attività di Gerry Schum

Le opinioni sulla natura dell'opera di Gerry Schum differiscono. Da un lato si ritiene che Schum sia stato un tramite, un'estensione delle possibilità tecnologiche, qualcuno che ha contribuito a realizzare le idee dell'artista, come ha sostenuto Serra, "Avevo già prodotto filmati, sapevo esattamente quello che volevo e Schum conosceva perfettamente ciò di cui stavo parlando"[14]. Dall'altro si ritiene che Schum sia un artista, come è dimostrato dalla dichiarazione per es. di Merz, che ha affermato: "Non si può dire che *Lumaca* fosse di Merz e neanche di Schum, bensì l'opera di due artisti, una coproduzione"[15]. E così, Vlado Kristl: "Conobbi Schum a Monaco, e mi aiutò per il film *Der Damm (La diga)*. Quando vidi in televisione *Land Art* rimasi molto colpito, persino scosso: il mezzo non può parlare più chiaramente che in quel modo. Schum è stato l'unico che lo ha scoperto, che ha scoperto questa unicità. Egli non solo rese in un filmato l'idea di artista, ma fece arte..."[16].

Per dare una prospettiva a queste opinioni divergenti, vale la pena di esaminare attraverso i film la carriera di Schum dividendola in fasi.

1. Due filmati sull'arte

Dopo aver prodotto una serie di lungometraggi nei giorni della sua "Film und Fernseh Akademie" (Accademia del film e della televisione) a Monaco e a Berlino, Schum realizzò due filmati sull'arte. Il primo era un documentario sulla sesta Biennale d'arte di San Marino, nel 1967. Questo film rivela ancora una certa inesperienza: la posizione della cinepresa è piuttosto instabile e il film consiste in un collage di interviste e di immagini della preparazione e dell'apertura della Biennale.

Il secondo film, *Kunsumkunst-Kunstkonsum* (1968), è più professionale. La macchina da presa è controllata meglio. Schum stava filmando una sua propria idea. Il film inizia con una macchina da presa che scorre un listino di oggetti prodotti in serie, mentre i prezzi sono mostrati come se fossero titoli di una borsa-valori. Poi vengono mostrate diverse vetrine di gallerie d'arte, immagini di copie di un laboratorio, un'intervista con Arturo Schwartz ecc. Nel suo complesso, il film è più equilibrato e la sequenza delle immagini è più funzionale. Ora il filmato, esattamente a distanza di dodici anni, è un documento di valore storico.

2. Land Art

La trasmissione di *Land Art*, la prima mostra televisiva, rappresentò una svolta nell'opera di Gerry Schum, considerando sia il suo concepimento che la realizzazione. Nei due filmati sull'arte, Schum è coinvolto tanto come regista, quanto come operatore. Nel filmato *Land Art,* che è di per se stesso un'opera d'arte, l'artista è il regista, e Schum l'operatore. La macchina da presa è usata con moderazione: o ha una posizione fissa oppure il movimento della macchina è parte essenziale dell'opera.

Nel caso dell'intervento di Oppenheim, per esempio, la macchina da presa è posta su una macchina in corsa per l'introduzione e su un aereo per l'opera vera e propria. In entrambi i casi le linee dell'immaginazione sono oblique; nel primo è la linea inclinata della strada, nel secondo è la linea inclinata del solco stesso del tempo. A marcare questa transizione, la linea devia di 90 gradi - il momento più drammatico nell'opera di Schum!

Per il lavoro di De Maria la macchina da presa percorre tre volte i 360 gradi e questa è una componente strutturale dell'opera. L'introduzione è data da un'immagine fissa su due linee nel deserto con De Maria che inizia a camminare a distanza fra le due linee. Una volta terminata la direzione del movimento, la macchina da presa inizia la sua rotazione completa.

Anche nel lavoro di Richard Long il movimento della macchina da presa - in questo caso viene spostato l'apparecchio stesso - è una componente strutturale dell'opera ed è anche parte del titolo: *Walking a Straight 10-Mile Line Forward and Back, Shooting Every Half Mile (Percorrendo una retta di dieci miglia avanti e indietro, filmando ogni mezzo miglio)*. La macchina da presa effettua uno "zoom" ad ogni ripresa, riprendendo perciò l'azione del camminare come era. L'accurata cadenza di queste "zoomate" crea un forte ritmo visivo. L'introduzione a questo lavoro è data dalla rotazione completa di 360 gradi della telecamera.

Nel caso di Dibbets e Boezem il nucleo dell'opera è ripreso con un apparecchio in posizione fissa. Lo stesso vale per Barry Flanagan, la cui opera è però meno ovvia, grazie alle differenti combinazioni delle lenti dell'obbiettivo. Nel lavoro di Smithson i quattro punti del compasso determinano la posizione della macchina da presa.

Le introduzioni a questi sette lavori in *Land Art* sono l'estinsecazione di un'idea di Schum, che intendeva l'introduzione come un modo per guidare lo spettatore verso l'opera, cercare di fare chiarezza e di eliminare le mistificazioni che sarebbero potute sorgere[17].

Questo è il motivo per cui, ad esempio, il cilindro in plexiglass di Flanagan è dapprima mostrato in una normale posizione verticale sulla spiaggia, mentre nella parte centrale dell'opera esso è visto solo dall'alto; a mo' di epilogo Schum fa togliere da Flanagan il cilindro dall'acqua mentre la camera assume una posizione orizzontale, normale. Anche il lavoro di Dibbets termina con un'immagine globale ripetuta.

È specialmente in queste introduzioni e nei passaggi dall'introduzione al nucleo che diviene manifesta la comprensione di Schum dell'idea dell'opera di ogni artista, la sua capacità di identificarsi con le idee dell'artista e di procedere da questo punto, usando la padronanza professionale del mezzo, per dare forma cinematografica all'idea.

Tutti i filmati sono stati girati in esterni, con luce diurna e non sono stati usati effetti luminosi, tranne quello di Jan Dibbets, dove l'ombra del trattore dà particolare rappresentazione filmica, quando traccia il primo solco, in contrasto con le immagini in cui il trattore assume proporzioni gigantesche, riempiendo l'intero schermo, quando traccia il terzo solco.

La sobrietà e la moderazione nell'uso dei mezzi filmici, come posizione della camera, composizione, scansione, ritmo visivo e luce, sono importanti fattori nell'interpretazione dell'opera e, nel caso di quelle di De Maria, Long e Dibbets, costituiscono persino parte integrante dell'opera stessa.

3. Self-Burial (Autosepoltura), TV as a Fireplace (La TV come un caminetto), Artscapes (Panorami d'arte), Identifications (Identificazioni)

Dopo *Land Art* sono stati realizzati due progetti dalla "Fernseh-Galerie" di Gerry Schum. *Self-Burial* di Keith Arnatt, una sequenza di nove fotografie, ognuna delle quali veniva trasmessa ogni giorno fra i programmi su WDR III, e *TV as a Fireplace* di Jan Dibbets, che "bruciò" ogni sera per una settimana (tre minuti al giorno), una volta terminata la regolare programmazione. Schum ha realizzato quest'ultimo filmato usando una macchina da presa in posizione fissa e un'apertura fissa di diaframma.

Al tempo stesso stava lavorando all'ideazione di una seconda mostra televisiva dal titolo *Artscapes*, per la quale pensava di invitare Christo a partecipare con un oggetto impacchettato, Graubner con un oggetto velato, Erg con un paesaggio artificiale, Oldenburg con un "sofft landscape", Höke con un "paesaggio di schiuma"[18]. Inviò questo progetto ad un certo numero di emittenti televisive, ma non ci fu alcuna risposta.

Invece fu realizzata la proposta per un'altra mostra televisiva, dal titolo *Identifications*, ampiamente finanziata dal Kunstverein di Hannover, trasmessa qualche tempo dopo, il 30 novembre 1970, dalla Sudwestfunk di Baden-Baden[19].

Sebbene l'idea basilare di *Identifications* come mostra televisiva fosse nel complesso simile a quella di *Land Art*, l'ideazione e la realizzazione furono differenti. Invece di spazi aperti, la maggior parte delle ambientazioni erano adesso al chiuso, ampi quanto bastava a dare una chiara rappresentazione di un'azione e di un gesto particolari (Anselmo, Boetti). Tutti gli artisti dovevano essere visti per intero o parzialmente sullo schermo, mentre esibiscono l'uso di un particolare oggetto (Walther e Zorio) o rappresentano un'azione (per es. Beuys), o enfatizzavano il processo del compiere un'attività (per es. Ruckriem), o visualizzano un'idea (per es. Weiner, Boetti, De dominicis). In questo lavoro non appare alcuna introduzione con informaizoni verbali e neanche un epilogo. Le stesse opere sono solo precedute dai nomi degli artisti, sono brevi, e parecchie di esse consistono in un'unica ripresa (per es. Boetti, Anselmo, Gilbert & George). Molta chiarezza, un uso sobrio e comprensibile della camera e l'illuminazione giocano ruoli guida, che sono ulteriormente resi intensi dalla natura specifica dell'opera. La parte giocata dal film come mezzo plastico è nella maggior parte dei casi più modesta. Il film mostra, registra nel tempo, fissa un modello di chiaro scuro su una superficie bidimensionale, in modo da soddisfare certe esigenze del processo artistico e dell'arte concettuale, di garantire l'aspetto processuale e immateriale.

Schum adatta se stesso al ruolo più umile che sia stato assegnato al mezzo - "il suo mezzo".

Il suo contributo personale è meno evidente in *Identifications* di quanto risulti in *Land Art*. *Land Art*, questo primo confronto fra autore materiale del film e artista visivo (che convenivano sul fatto di non produrre un documentario sull'arte, ma un'opera d'arte per la televisione) risultò, dopo un periodo preparatorio intenso "sotto pressione", una combinazione unica di idea, materiale e mezzo. In *Identifications* la tensione di quel confronto era subordinata alla pura visualizzazione di un concetto.

4. La video-galleria

Il passo visibilmente importante che fece Schum - vendere le sue cineprese, acquistare l'attrezzatura video e passare a produrre videocassette - ebbe lievi conseguenze sulle opere stesse: la posizione della macchina da presa, l'illuminazione, gli aspetti temporali e la composizione visiva mutarono di pochissimo. E questo non è molto sorprendente, se si tiene presente che la maggior parte delle video-cassette furono prodotte con quegli stessi artisti con i quali Schum aveva già collaborato per *Identifications*, e che erano state realizzate specificatamente per essere trasmesse in televisione.

Sebbene il sistema di comunicazione delle videocassette sia piuttosto diverso, l'immagine che appare sul monitor non è differente da quella sullo schermo televisivo: è solo una questione di tecniche diverse.

D'altra parte, la somiglianza è estremamente importante, considerando quanto è già stato scritto sulla differenza fra film e video. Ma allora andrebbe notato che Schum non ha fatto uso di una delle più peculiari, o forse la più peculiare caratteristica del video - la simultaneità dell'immagine e della sua riproduzione. Eppure, per poco non riuscì a realizzare anche questo. Nel 1971 aprì una video-galleria a Düsseldorf, in cui mostrava videocassette non solo di sua realizzazione (per es. quelle fatte con Knoebel e Baldessari), ma anche lavori fatti da altri (per es. Bruce Nauman).

Mise in circolazione stampati con informazioni relative all'attrezzatura video (che a quell'epoca era proprio una novità) e cataloghi delle videocassette che si potevano acquistare e delle gallerie che ne vendevano. Con la mente ad altri progetti, egli intendeva chiudere questa galleria nel 1972, dopo un progetto finale di Daniel Buren: una video-installaizone per la quale erano già stati preparati i progetti. Ma il progetto non fu realizzato allora, e quando Buren finalmente fu in grado di metterlo in pratica in Italia, nel 1974, lo dedicò a Schum.

Il suo ultimo progetto, non realizzato ma degno di nota, fu la sua designazione come curatore del museo Folkwang di Essen, dove sarebbe dovuto diventare uno specialista di video, realizzando per il museo produzioni che sarebbero state messe in mostra simultaneamente anche altrove, tramite una rete televisiva che avrebbe dovuto collegare diversi musei (la sua lista comprendeva il Museo Stedelijk di Amsterdam e il Van Abbemuseum di Eindhoven)[20]. È evidente, dunque, che era interessato a sistemi di comunicazione e distribuzione all'altezza dello scopo.

In virtù di tutto ciò, è giusto attribuire a Gerry Schum uno spirito realmente pionieristico. Ed ora, dieci anni dopo, deve ancora emergere un erede che sfrutti le sue idee:

_ realizzare opere d'arte originali per la televisione;

_ presentare queste opere d'arte sotto forma di mostre televisive;

_ ottenere facilitazioni per trasmettere effettivamente queste opere d'arte;

_ costruire una galleria televisiva per produrre le opere;

_ fondare una videogalleria per produrre e vendere le video cassette;

_ attivare una videogalleria in un museo allo scopo di collezionare, esporre, produrre e distribuire.

Ma tutte queste idee e progetti hanno alla fine preso forma grazie agli artisti che Schum ha avuto la perspicacia di invitare. Oltre alla sua professionalità, all'idealismo, all'energia e all'autodisciplina, è specialmente quella capacità di scegliere, quell'affinato senso della qualità - e attualità, per citare Daniel Buren - che ha fatto della galleria di Gerry Scum il memorabile "incidente" che essa è stata.

Il testo è tratto da *Gerry Schum*, catalogo della mostra itinerante a cura di Dorine Mignot, Amsterdam, 1979 (per gentile concessione dell'autrice)

1. Archivi di Land Art al Sender Freies di Berlino. Questo testo non datato di Gerry Schum accompagnava un alettera datata 8.5.1968 dalla Deutsche Gesellschaft für bildende Künst e.v. (Società tedesca delle arti unite) al Sender Freies di Berlino.

2. Informazioni orali fornite da Hannah Weitemeier a Berlino

3. Lettera negli archivi di Land Art al Sender Freies di Berlin, Berlino.

4. Piano in archivio della WDR III di Colonia.

5. Informazioni orali fornite da Ursula Wevers.

6. Alla mostra *Dies alles Herzchen, wird einmal Dir gehören (Tutto questo cuoricino un giorno sarà tuo)*, Galleria Loehr, Francoforte.

7. Informazioni orali da Jan Dibbets e Paul Maenz

8. *Nine in a Warehause (Nove in un magazzino)*, Galleria Leo Caselli, New York, 1968, organizzata da Robert Morris.

9. Introduzione a Land Art di Gerry Schum e riopoote degli artisti (cfr. pp. 47-40).

10. Lon de Vries Robbé, *Filmbeeld*, Groningen, 1975.

11. Lucy Lippard & John Chandler, *The Dematerialization of Art (La dematerializzazione dell'arte)*, Art International, vol. 12, n. 2, feb. 1968, pp. 31-36.

12. Non sono stati fatti ulteriori riferimenti alle produzioni di Schum perché le descrizioni sono state date nella sezione del catalogo in ordine alfabetico, che riguarda gli artisti.

13. Informazioni orali (telefoniche) con Walter De Maria; da questo punto di vista un mezzo di comunicazione adatto per una discussione su una galleria televisiva!

14. Informazioni orali di Richard Serra.

15. Informaizoni orali di Mario Merz.

16. Informazioni orali di Vlado Kristl.

17. Informaizoni orali da Ursula Wevers, Barry Flanagan, Dennis Oppenheim, Jan Dibbets.

18. *Artscapes*, idea inedita in possesso di Ursula Wevers.

19. Cfr. testo di U. Wevers p.42.

20. Corrispondenza negli archivi del Folkwang Museum, Essen.

21. Informazioni orali di Anselmo, Boezem, Beuys, Buren, Calzolari, Dibbets, Van Elk, Nancy Holt (su Robert Smithson), Long, De Maria, Merz, Oppenheim, Rinke, Serra, Weiner, Zorio. Informazioni scritte da Arnatt, Buren, Dibbets, Fulton, Boezem, Flanagan, Long, Merz, Kuehn, Ruthenbeck, Serra, Walther, Weiner.

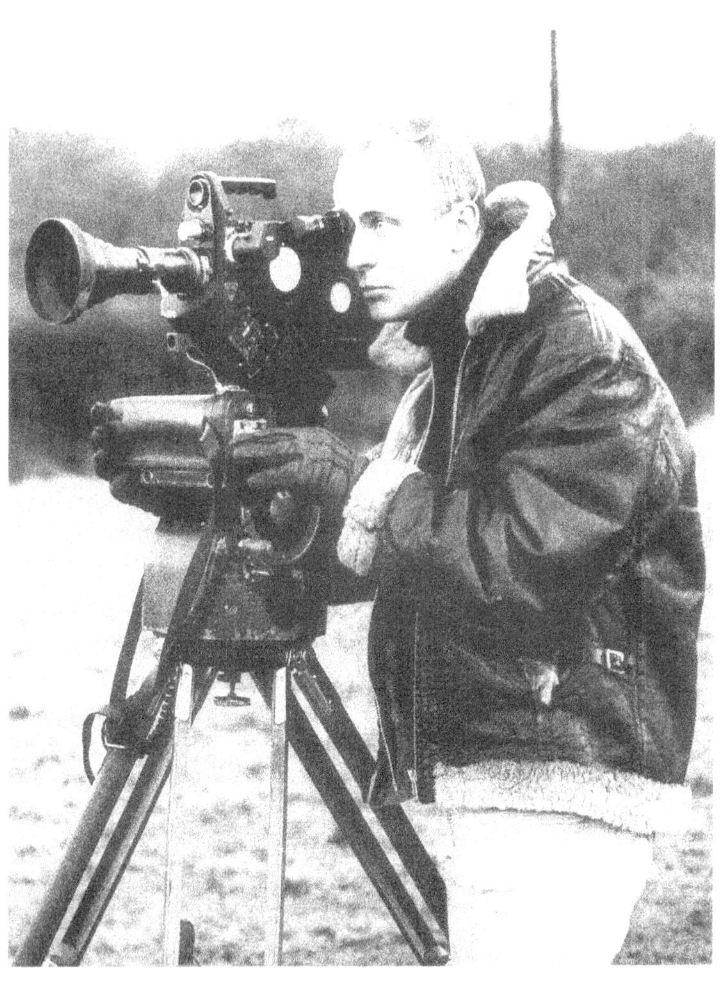

Gerry Schum, 1969

Ursula Wevers
La Galleria Televisiva: l'idea e come è fallita

Nel 1968, dopo che Gerry Schum aveva realizzato il suo filmato *Konsumkunst-Kunstkonsum (Arte del consumo - Consumo dell'arte)* per la WDR, che lo aveva portato a contatto con un gran numero di artisti, mercanti d'arte e collezionisti nei dintorni di Colonia e Düsseldorf, egli decise di trasferirsi da Berlino a Haan vicino a Düsseldorf. E fu lì che cominciò la nostra collaborazione.

Durante i quattro anni che seguirono, l'idea di una galleria televisiva prese gradualmente forma, e nello stesso periodo furono concepite le due mostre televisive *Land Art* e *Identifications* come pure i progetti televisivi e le produzioni in video. Idee, eventi e lavoro culminarono, dopo questo periodo relativamente breve di quattro anni, in ciò che doveva diventare per Gerry Schum il lavoro di una vita.

Il concepimento di una galleria televisiva risale all'autunno del 1968. Doveva diventare un elemento ricorrente all'interno del contesto della televisione, con due o tre mostre all'anno. Fino ad allora la televisione aveva costituito (come fa ancora), una fonte di informazione visiva (un'estensione e un completamento all'informazione radiofonica), circa gli sviluppi nel campo artistico; gli artisti il cui lavoro veniva presentato in questo modo facevano solitamente già parte dell'apparato dell'azienda, perché avevano già avuto presentazioni delle proprie opere. Inoltre la presentazione del lavoto messo in mostra era di solito adattata alle esigenze, al tipo e alle dimensioni dell'azienda. La televisione, tuttavia, è particolarmente adatta a comunicare con un'intera popolazione, e così Schum pensò che questo potenziale si sarebbe potuto usare per dare informazioni realmente aggiornate, sugli sviluppi più recenti in campo artistico. La televisione avrebbe potuto assumere la funzione delle gallerie d'arte: scoprire giovani artisti, mettere in mostra i loro lavori e fare loro pubblicità, contribuire a stabilire una ottima relazione fra la creazione dell'arte e la sua distribuzione.

Non si aveva l'intenzione di presentare l'arte in un contesto documentaristico, per es. mostrare documentazioni sul mondo dell'arte. Era molto più importante per noi gettare un ponte sulla distanza che c'era fra evento e mezzo, cosicché si potesse sviluppare una nuova forma d'arte. L'idea attirò molti artisti, per la maggior parte giovani, e già interessati alle possibilità del supporto cinematografico di rendere visibile un processo attraverso il fattore tempo e le immagini in successione. I lavori che furono presi in considerazione furono quelli che dovevano la loro esistenza allla rappresentazione di un oggetto originale per mezzo di caratteristiche specifiche di una specifica tecnica riproduttiva (per es. la *Land Art* di Jan Dibbets e quelle opere che esistono solo per la durata della riproduzione via televisione (per es. la *Land Art* di Richard Long). Sentimmo che i lavori che nascevano in questo modo - per comodità li chiamammo *oggetti* - non dovevano essere conservati come opere d'arte uniche al mondo in collezioni private, né come copie limitate in più di una collezione privata: doveva essere possibile sperimentare questi *oggetti* per mezzo della televisione. Per Gerry Schum questa idea fornì una felice soluzione ai complicati problemi dei rapporti con il mercato dell'arte, che egli aveva imparato a fronteggiare quando nel 1968 aveva lavorato a *Konsumkunst-Kunstkonsum (Arte di consumo - Consumo dell'arte)*.

L'idea della galleria televisiva, così come è formulata nell'introduzione di Schum a *Land Art*, fu realizzata solo una volta nella sua forma autentica, ostacolata dall'opposizione dei circuiti televisivi: fu intitolata *Land Art*. Per noi c'erano due requisiti richiesti per una realizzazione del genere: dovevano essere presenti sia in astratto che in concreto gli elementi della galleria e della televisione. La radio e televisione pubblica Sender Freies Berlin (SFB) fu convertita per l'occasione in una galleria, con monitor lungo le pareti, e venne organizzata un'anteprima, prima della trasmissione vera e propria, per alcuni invitati interessati all'arte. Si tennero discorsi introduttivi prima di mostrare gli "oggetti": la sistemazione della galleria fu registrata in video per fornire la struttura dello spazio e montata in sezioni che precedevano e seguivano la mostra televisiva *Land Art*. Il nome degli artisti e i titoli delle loro opere apparivano sullo schermo non nel solito sistema di sovraimpressione su pellicola, ma isolatamente, prima di mostrare singole azioni, che erano presentate senza un commento verbale simultaneo, poiché c'erano state due introduzioni parlate preregistrate nello studio prima che il filmato iniziasse.

Proprio a questo punto, prima che la trasmissione vera e propria avesse luogo, cominciarono i disaccordi. La televisione ha creato il suo sistema di leggi, e queste permettono un campo d'azione assai limitato rispetto alla specificità di una galleria d'arte. L'organizzazione televisiva insistette a che noi aggiungessimo un commento in più sotto forma di introduzione all'intera trasmissione; se non non avessimo accondisceso, avrebbero interrotto la serie. Noi facemmo presente che avevamo incluso già due discorsi introduttivi sull'idea di base della galleria televisiva e al contenuto della trasmissione stessa, e che doveva essere dedicato a *Land Art* un catalogo che sarebbe valso come una ulteriore fonte di informazioni, e ci rifiutammo di apportare modifiche al filmato.

Poiché tutto ciò che avviene sullo schermo televisivo è bidimensionale, questo tipo di arte, come pure il commento, sarebbe anche stato adatto a queste due dimensioni. Nello spazio tridimensionale di una galleria, con opere d'arte messe in mostra alle pareti, le opere possono essere osservate per tutto il tempo che il visitatore vuole, da ogni angolo desiderato, mentre può scegliere di non ascoltare nessun commento parlato che possa eventualmente essere offerto. Se si deve ricreare una situazione parallela sullo schermo, tutti i commenti devono perciò precedere o seguire la mostra vera e propria. La gente della televisione, però, non comprese il nostro punto di vista; il filmato, alla fine, fu mandato in onda in forma alterata, e la galleria televisiva come serie fu interrotta.

La valutazione positiva del filmato da parte del pubblico fu in stridente contrasto con l'atteggiamento negativo di Sender Freies Berlin, o meglio della televisione in generale. Dopo questa prima messa in onda non ci furono offerte altre opportunità di fare qualcosa nel contesto della galleria televisiva.

Il compito di realizzare *Identifications* ci fu assegnato dalla città di Hannover; questo progetto doveva essere parte di un programma di *arte della strada* in cui eravamo coinvolti in quel periodo. La Südwestfunk, che si assunse la messa in onda, pagò solo i diritti d'autore.

Nel 1969, fra la trasmissione di *Land Art* e *Identifications*, Schum disse: "La televisione sembrerebbe, grazie al mezzo del film e ancor di più al sistema di comunicazione, molto adatta a giovare all'arte visiva, allo stesso modo in cui la stampa e l'editoria giovano alla letteratura e l'industria discografica alla musica". L'uso del condizionale "sembrerebbe" dice molto a proposito dei nostri dubbi se le compagnie televisive sarebbero state d'accordo con questo punto di vista, anche perché il successo di *Land Art* non ci fece avere ulteriori ingaggi. Le sole eccezioni furono i progetti televisivi *Self-Burial (Autosepoltura)* di Keith Arnatt e *TV as a Fireplace (TV come un caminetto)* di Jan Dibbets. Questi lavori furono realizzati grazie alla West Deutsche Rundfunk III, una compagnia televisiva che a quel tempo era ancora interessata alla sperimentazione, e che quindi godeva di considerevole reputazione negli ambienti artistici. I nostri contatti con questa organizzazione ci provarono che era certamente possibile legare arte d'avanguardia e televisione - sebbene attraverso una rete televisiva regionale, in questo caso - senza i problemi riguardanti la forma e il contenuto che erano sorti nella precedente messa in onda di *Land Art*. Dopo la trasmissioe di *Identifications* (e l'interruzione della serie della galleria televisiva) non avemmo più la possibilità di lavorare con la televisione, nonostante ripetuti tentativi da parte nostra. Il principale motivo addotto dalla gente della televisione era che il nostro lavoro era incomprensibile al pubblico, e che noi volevamo mettere a confronto un'audience assolutamente non preparata da commenti esplicativi con cose che non avrebbe capito, e che avrebbero suscitato una certa dose di aggressività. Ma poiché coloro che fanno la televisione non avevano compiuto in tutti quegli anni nessun tentativo di alcun genere per favorire la comprensione dell'avanguardia contemporanea, questo non era colpa nostra. Era colpa della televisione stessa.

Noi semplicemente pensavamo che la possibilità di trattare l'arte in televisione esistesse, cosicché la gente che viveva in regioni dove avviene ben poco per quanto riguarda l'arte non si trovasse in condizioni svantaggiate. Tuttavia, non volevamo arrenderci così facilmente alle obiezioni che erano state espresse contro il filmato *Identifications*, così proponemmo - dato che sfortunatamente il nostro sistema televisivo impedisce il tipo di comunicazione diretta che esiste nelle gallerie d'arte - che la compagnia televisiva dedicasse uno dei suoi programmi sull'arte a *Identifications*, permettendo che un certo numero di persone con opinioni differenti prendesse parte a un dibattito. Quest'ultima proposta fu rifiutata, ma la Hessischer Rundfunk di Francoforte acconsentì a mostrare frammenti delle produzioni, con un commento parlato. Ci fu chiesto di sottoporre ad un'analisi il materiale filmato cosicché i frammenti potessero essere selezionati. Quando la Hessischer Rundfunk alla fine trasmise il programma, noi ci trovammo ad assistere ad un tipico esempio di manipolazione televisiva. Era stato scelto di mostrare il lavoro di Ruthenbeck e quello di Rinke. Nell'intervento di Reiner Ruthenbeck, un filmato che mostra l'autore che strappa fogli di carta da un blocchetto, li accartoccia e li getta in terra, furono inserite qua e là immagini di un dattilografo che accartoccia fogli di carta carbone e li getta sul pavimento in ufficio. Le immagini del lavoro di Rinke erano state mischiate con riprese di un agricoltore che vuota un secchio su un mucchio di letame. Questo approccio all'arte e alla discussione sull'arte per noi era assolutamente incomprensibile; era come squarciare un'opera d'arte, gettare via la maggior parte dei pezzi e sostituirli con accidentali strisce di carta.

Evidentemente un commento parlato che accompagnasse l'immagine sullo schermo non era stato considerato abbastanza critico rispetto al fatto di distruggere letteralmente l'arte. La televisione come mezzo di comunicazione di massa trovava rifugio in clichés come "i miei bambini potrebbero aver fatto questo", e fallì totalmente nella sua promessa di intraprendere un dialogo significativo con l'arte. Non solo i tentativi di organizzare trasmissioni di arte d'avanguardia in televisione si risolsero in un niente, ma anche il mezzo stesso si è dimostrato incapace di discutere il soggetto in termini accettabili.

Eravamo così scoraggiati che affittammo uno spazio a Düsseldorf dove poter mostrare le produzioni su dei monitor.

Qui potevano essere viste dai visitatori della galleria le produzioni video che erano state create dalla fine del 1970 in poi. Le idee sull'arte di Gerry Schum erano direttamente opposte alle leggi che regolavano il mercato e il commercio dell'arte, ma da allora in poi egli dovette sottomettersi a quelle regole. La concessione che fece alla nuova situazione consisteva nel produrre opere su video in edizioni limitate, a volte accompagnate da certificati a sé stanti rispetto ai lavori veri e propri. L'unica possibilità di distribuire i progetti su scala più vasta era la collaborazione con istituzioni di artisti, Gerry Schum aveva sperimentato che la distribuzione di queste opere non era direttamente proporzionale all'importanza del contenuto - assolutamente il contrario, infatti.

I suoi primi filmati non avrebbero costituito problema per quanto riguardava la trasmissione in televisione, mentre egli poteva mettere in mostra i progetti video degli anni 1970-72 solo nella galleria di Düsseldorf. Per ciò che riguardava la distribuzione, la situazione della galleria era un vicolo cieco, con gran rammarico di Schum. Poiché erano il contenuto avanguardistico, lo stile e la concezione del suo lavoro a sbarrargli più spesso le porte degli studi televisivi, impedendo di conseguenza la distribuzione di massa.

Il testo è tratto da *Gerry Schum*, catalogo della mostra itinerante
a cura di Dorine Mignot, Amsterdam, 1979 (per gentile concessione dell'autrice)

Gerry Schum

Introduzione alla mostra televisiva Land Art

Ci sono sempre più artisti che oggi stanno esplorando le possibilità di media relativamente nuovi come il film, la televisione e la fotografia. ma questi artisti non si occupano affatto di esplorare le possibilità di comunicazione offerte dai mass media. Una considerazione più importante, io credo, è che la maggior parte della nostra esperienza visuale è indotta dal modo di riproduzione, con rappresentazioni cinematiche e fotografiche.

Prendiamo la 'correzione di prospettiva' di Jan Dibbets: può solo essere vista e capita come una fotografia. Dibbets ha disegnato nel paesaggio il contorno di un trapezio; la forma è stata costruita secondo le leggi della prospettiva fotografica, cosicché nella fotografia il trapezio sembra un quadrato perfetto. Qui l'opera d'arte ha trasferito la sua esistenza dall'oggetto reale come punto di partenza per la rappresentazione fotografica. La fotografia è diventata il reale oggetto artistico. Le opere di Mike Heizer e Walter De Maria, per nominare solo due artisti, possono solo essere osservate nella loro interezza, in altre parole vedendo il film dall'inizio alla fine.

Gli artisti della *Land Art* cercano possibilità espressive che vanno ben oltre i limiti tradizionali della pittura. Non è più il punto di vista del paesaggio ma il paesaggio stesso, per esempio il paesaggio contrassegnato dall'artista stesso, che diventa l'oggetto d'arte. Il paesaggio non è più semplicemente uno sfondo decorativo per sculture tradizionali (il termine 'paesaggio' è variamente interpretato. Il dott. Szeeman, che ha montato la mostra *Live in your Head* alla Kusnthalle di Berna, si riferisce ad un' "arte della coscienza".

Viviamo in un tempo in cui il mondo, per esempio il nostro ambiente, può fornirci l'esperienza di nuove dimensioni. Satelliti ci permettono di osservare la terra da un punto di vista extra-terrestre direttamente o indirettamente mediante una riproduzione fotografica. Un'autostrada vista da un'altezza di 3.000 metri perde il suo carattere puramente funzionale, diventa un intervento umano nel paesaggio. È tempo ormai che comprendiamo che ogni tomba che è scavata, ogni strada che è costruita, ogni campo che è convertito in un terreno fabbricabile, rappresenta un cambiamento formale nel nostro ambiente, le cui implicazioni trascendono di molto il loro significato puramente pratico e funzionale.

Dennis Oppenheim, che ha creato l'opera *Timetrack (Solco del tempo)* per la mostra *Land Art*, ha anche lavorato a progetti che riguardavano direttamente interventi in processi industriali e agricoli esistenti. Un esempio: egli ha trasferito il corso sepreggiante di una strada che porta da un campo di grano ad un silos sul disegno del tracciato fatto da una falciatrice che falcia il grano. Opere di questa natura sono tanto inclassificabili nei termini tradizionali dell'arte quanto del mercato artistico. L'eterno triangolo di studio, galleria, collezionista, in cui l'arte si è trovata finora, è stato infranto. Invece della proprietà privata dell'arte, che impedisce l'ulteriore circolazione delle opere, c'è ora la comunicazione con un pubblico più vasto attraverso mezzi di circolazione o la trasmissione televisiva. Collezionisti d'arte come Hahn, Ludwig e Ströher, che aprono le proprie collezioni a mostre pubbliche di tanto in tanto, sono sfortunatamente ancora una piccolissima minoranza.

Questo cambiamento strutturale nell'arte ha conseguenze di vaste proporzioni per gli artisti come per il mercante d'arte. È incomprensibile perché i musei possano mostrare opere di artisti senza un adeguato compenso. Specialmente quando queste opere, come si verifica spesso al giorno d'oggi, non sono state create espressamente per il mercato d'arte, per es. per le aste. Allo stesso modo in cui un editore paga un autore per il diritto a pubblicare e a vendere il suo libro, così gli artisti 'visivi' dovrebbero ricevere una parcella per la pubblicazione delle proprie opere d'arte in mostra, nei musei o nella trasmissione televisiva. Agli artisti del video spettano i diritti d'autore proprio come ad autori letterari, drammaturghi e compositori.

Lo scopo di una galleria televisiva è stato quello di mettere a confronto la maggior quantità possibile di pubblico con le tendenze attuali dello sviluppo internazionale dell'arte. La galleria non ha interesse nel pubblicizzare stravaganti fenomeni marginali nella produzione artistica. Gli artisti, le cui opere sono messe in mostra nella galleria televisiva, hanno già esposto i propri lavori in diverse gallerie d'avanguardia negli Stati Uniti e saranno presentati in Europa al Museo Stedelijk di Amsterdam e alla Kunsthalle di Berna. La maggioranza degli artisti che prendono parte alla mostra *Land Art* sono stati presentati al pubblico tedesco dalla galleria d'avanguardia Konrad Fischer a Düsseldorf e dalla Galleria Friedrich a Monaco. Altre mostre sono in preparazione in diversi musei in Germania.

Il numero di persone che può essere raggiunto dalle gallerie e dai musei è minimo: solo una minuscola percentuale di gente che è potenzialmente interessata all'arte può conoscere le nuove tendenze artistiche compiendo regolarmente visite ad un museo o ad una galleria. Una situazione simile si verificherebbe nel mercato del libro se un autore di successo potesse giungere al suo pubblico soltanto dando pubbliche letture del suo lavoro, per es. senza che migliaia di copie del suo libro fossero stampate. È quasi come se le possibilità di comunicazione fra l'arte visiva e il pubblico fossero le stesse che esistevano fra i libri e il pubblico al tempo in cui Gutenberg inventò la stampa. Libri poco costosi e pubblicazioni artistiche raggiungono il mercato anni dopo la loro creazione: è inconcepibile perché l'arte moderna possa essere pubblicizzata su vasta scala solo quando non è più moderna.

Moltissime manifestazioni artistiche, quando finalmente sono rese pubbliche, sono in memoria di movimenti artistici defunti.

Il lungo intervallo di tempo che separa la produzione e la comunicazione nell'arte visiva non trova eguale né in letteratura, né nel teatro, né nella musica.

Nella mostra televisiva che seguirà vedremo prima l'apertura - di Jean Leering - in uno studio della SFB a Berlino, poi la mostra dei filmati, che è stata ripresa in vari luoghi in Europa ed America. Tutte le opere che sono esibite sono state ideate e realizzate dagli artisti appositamente per la trasmissione tramite la televisione. Sono stati evitati irrilevanti effetti drammatici della posizione della telecamera o commenti all'edizione. Gli artisti non vi compaiono, eccetto in un caso, e questo rientra nell'intenzione sia degli artisti che della galleria televisiva.

Non credo che un'atmosfera filmata in studio o primi piani delle mani di un artista possono fornire una migliore comprensione dell'opera d'arte. Per la stessa ragione il film della mostra è presentato senza commento.

Il brano è tratto dall'introduzione alla trasmissione televisiva del 15.4.1969 pubblicato in *Gerry Schum*, catalogo della mostra itinerante a cura di Dorine Mignot, Amsterdam, 1970, per gentile concessione di Ursula Wevers

Land Art

I Mostra televisiva.

comprende i lavori degli artisti Marinus Boezem, Walter De Maria, Jan Dibbets, Barry Flanagan, Richard Long, Dennis Oppenheim, Robert Smithson e Michel Heizer, che si ritirò dopo la prima trasmissione.

Film trasferito in video; b/n; son.; 35'

trasmesso da Sender Freies Berlin (SFB), Berlino, il 15 aprile 1969, alle ore 22.40

Marinus Boezem

(Leerdam, 1934)

Sand Fountain, gennaio 1969

Camargue, Francia - b/n; son.; 4'12"

Il lavoro si apre sull'immagine fissa di un paesaggio arido, con pochi alberi, cui sono sovraimpresse alcune note formative sull'opera.

La seconda immagine mostra una duna, mentre appare il testo seguente: "Internationale Windstarken Skala nach Beaufort mit dem amtlich festgelegte Beispiele" (la forza del vento secondo la scala internazionale di Beaufort con esempi ufficiali). Poi si alza un getto di sabbia, soffiato da una parte della forza crescente del vento, fino a che, quando il vento raggiunge forza 12, una vera e propria bufera di sabbia offusca l'intera immagine. In sincrono una voce fuori campo legge ad alta volume la descrizione della forza del vento nella scala da 1 a 12. L'inquadratura finale mostra il cratere senza vento.

Walter De Maria

(Albany, 1935 - Los Angeles, 2013)

Two Lines Three Circles in the Desert, 1969

Deserto Mohjave, California - b/n; son.; 4'46"

con Walter De Maria

L'immagine introduttiva, fissa, mostra sovraimpresse le note informative sull'opera. Lentamente si riesce a distinguere la vaga silhouette di una figura umana, che si rivela essere Walter De Maria, in piedi tra due linee. Inizia a camminare e, dopo aver compiuto ventiquattro passi, la camera inizia a girare lentamente sul proprio asse. Le linee scompaiono dalla vista. La camera scruta l'orizzonte e, quando riappaiono le linee, risulta evidente che De Maria ha proseguito oltre. Ma la camera riprende a girare, e le linee spariscono ancora una volta. La camera inizia una seconda rivoluziono a 360°, e, quando le linee tornano nuovamente visibili, De Maria si è allontanato ulteriormente. Dopo la terza rivoluzione della camera, la figura è uscita dal campo visivo. Un suono elettronico alto e costante vibra accompagnando le immagini. La durata dell'azione, un percorso tra due linee, corrisponde a quella del film, sebbene non sia stantemente visibile. Il movimento di De Maria - il camminare tra due linee - può essere misurato dal movimento della camera - le tre rivoluzioni. La chiave del lavoro è data dallo schema astratto 'due linee tre cerchi nel deserto'.

Jan Dibbets

(Weert, Olanda, 1941)
12 Hours Tide Object with Correction of Perspective, febbraio 1969
Costa olandese - b/n; son.; 7'33"
Il filmato inizia con una veduta del mare dalle dune. In sovraimpressione appaiono le note informative sull'opera, accompagnate dal canto di un uccello.

Il tema principale è ripreso a camera fissa. Un trattore si muove rumorosamente lungo la spiaggia, tracciando solchi paralleli ai quattro margini del televisore.

Appena segnato il primo solco, dal basso a sinistra all'alto a destra, e disegna un secondo solco sul bordod destro dello schermo. Poi attraversa lo schermo, a virtuale conclusione dell'azione, lambendo la linea di base. Infine riappare in alto a destra trasformato in un minuscolo veicolo, costretto ad attraversare continuamente lo schermo per tracciare i solchi che abbiano la stessa ampiezza dei precedenti.

A parte l'evidente 'correzione', il trattore ha disegnato sulla sabbia un trapezio, che sullo schermo appare come un rettangolo. Completato il rettangolo, la camera si ritira lentamente; sopraggiunge l'alta marea a cancellare i solchi, e si sentono cantare nuovamente gli uccelli.

Barry Flanagan

(Prestatyn, Galles, 1941 - Santa Eulalia del Río, 2013)
Hole in the Sea, febbraio 1969
Scheveningen - b/n; son.; 3'44"

con Barry Flanagan
Una zoomata all'interno di un cilindro di plexiglass sulla spiaggia introduce l'azione, mentre vengono dati il titolo e il luogo dove essa si svolge. Poi il cilindro in plexiglass è mostrato dall'alto, in modo da apparire come l'immagine bidimensionale di un cerchio contro un fondo sabbioso. Viene ripreso dall'alto durante l'avanzare dell'acqua. Il mare è l'autore del lavoro. Lentamente ma regolarmente la marea viene avanti, le onde attraversano lo schermo con rigore crescente, fluttuando intorno al cerchio e lo trasformano in una toppa scura, 'un buco' sulla superficie del mare. Per dare allo spettatore l'opportunità di riacquistare il dominio della situazione, la camera stacca su Flanagan che estrae il cilindro dall'acqua.

Sullo sfondo, colpo d'occhio sulla baia di Scheveningen.

Questo lavoro esisteva sulla carta, fino a che Flanagan non chiese a Schum di realizzare un filmato per la mostra televisiva *Land Art*.

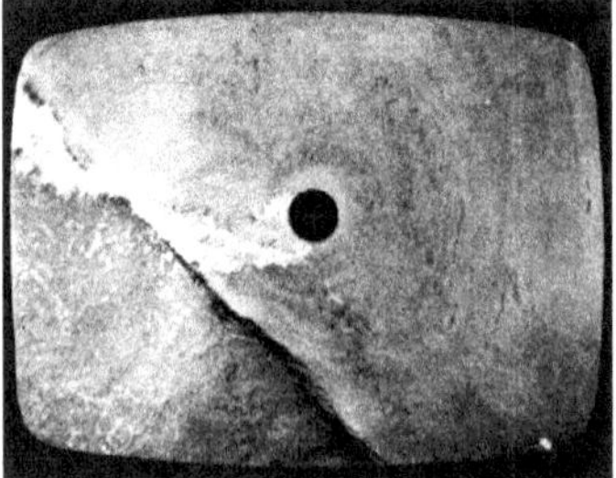

Richard Long

(Bristol, 1945)

Walking a Straight 109 Miles Forward and Back, Shooting Every Half a Mile, gennaio 1969

Dartmoor, Inghilterra - b/n; son.; 6'3"

con Richard Long

Il filmato inizia con una veduta generale del paesaggio all'inizio del percorso, mentre la camera gira su se stessa di 360°. Su queste immagini scorrono sullo schermo dettagli sul luogo e sul tempo dell'azione. Alla fine della rotazione entra in campo Richard Long; la camera è fissa nella direzione in cui lui guarda: verso la linea retta dove camminerà. Long compie pochi passi, e la camera riprende i suoi movimenti da sopra, come se fosse essa a compierli, zoomando. Come indica il titolo, la camera registra ciò che si vede a intervalli regolari, ogni mezzo miglio, all'esterno, anche durante il tragitto di ritorno.

Il punto da cui inizia il percorso di ritorno è segnato dalle acque di un piccolo fiume, che prima scorre verso la telecamera e poi si allontana da essa (seguendo la direzione dello sguardo). Ogni inquadratura mostra un panorama per pochi secondi, poi lo zooma per altri 6 secondi. Il cammino è espresso attraverso il medium del film: la lente zoom piò portare ciò che è molto lontano vicinissimo, rinunciando al movimento della camera, grazie a una semplice regolazione della lente. Queste ripetizioni di immagini lievemente differenti, riavvicinate ogni volta allo stesso modo, danno origine a un rigoroso ritmo visuale.

Dennis Oppenheim

(Mason City, Washington, 1938 - New York, 2011)

Timetrack – Following the Time Border between USA and Canada, marzo 1969

Fort Kent, 17 marzo, ore 14 negli U.S.A., ore 15 in Canada - b/n; son.; 2'7"

L'inquadratura si apre su un'ampia strada che taglia diagonalmente lo schermo, mentre le note informative sul lavoro appaiono in sovraimpressione. Si sente chiaramente il rumore del veicolo sul quale è montata la camera, che è puntata nella direzione opposta a quella verso la quale si muove. Con un brusco stacco appare il tema principale dell'opera: uno stretto solco muove dal basso verso l'alto, da destra a sinistra, la camera è ora puntata nella direzione verso la quale si muove; la camera è in aria, si ode fragorosamente il rumore del motore di un aereo. Il tracciato del confine orario è tenuto costantemente in vista, come una linea inquieta a corvolare questo percorso, senza mai formare una diagonale esatta sul piano d'immagine. Solo alla fine appare chiaro che il confine orario è stato tracciato su un fiume ghiacciato da uno spazzaneve. L'aereo con la camera gradualmente gli si avvicina e, raggiuntolo, mostra infine il fiume senza il solco: il fiume che segna il confine tra il Canada e gli U.S.A., il fiume che segna le due su una sponda e le tre sull'altra nello stesso istante, il fiume sul quale il solco diviene la materializzazione del tempo.

Robert Smithson

(Passaic, New Jersey, 1938 - Amarillo,
Texas, 1973)
*Fossil Quarry Mirror with Four Mirror
Displacements,* marzo 1969
Regione di Cayuga Lake, Stato di New York
b/n; son.; 3'12"
Il filmato si apre su una veduta aerea
dell'area degli scavi, mentre scorrono sullo
schermo i dati informativi sull'opera.

Per due volte appaiono quattro specchi
posti ai quattro punti cardinali. I primi
quattro sono disposti a formare un quadrato
all'interno degli scavi, e presentati in
successione: nord, est, sud, ovest. Ogni
inquadratura mostra la veduta degli scavi e,
nello stesso tempo, riflessa nello specchio,
l'area alle spalle della camera, così che
immagini riflesse si alternano a vedute
dirette.

Il secondo gruppo di specchi è mostrato
nello stesso modo, con la differenza che gli
specchi sono ora maggiormente distanziati,
collocati in punti diversi degli scavi. Lembi di
neve disseminati sul terreno danno origine
ad acuti contrasti tra bianco e nero, creando
complesse strutture compositive.

Ogni specchio viene mostrato attraverso
due inquadrature: a distanza e più
ravvicinata.

Jerry Schum
Introduzione alla mostra televisiva Identifications

"Ci sono sempre più artisti che stanno esplorando le possibilità dei mezzi relativamente nuovi del film, della televisione e della fotografia".

Questa era la mia prima frase della mia introduzione alla trasmissione *Land Art* nell'aprile 1969. Noi siamo ora nella condizione di poter illustrare questa affermazione con i fatti e, se necessario, la mostra di video di sei artisti americani sta facendo in questo periodo il giro degli Stati Uniti da costa a costa e deve la sua esistenza alla registrazione televisiva. La mostra estiva *Information* al Museo di Arte Moderna di New York ha presentato più di cento ore di film di artisti provenienti da tutto il mondo. Ora anche diversi altri musei e collezionisti in Europa cominciano a comprare videoregistratori con cui presentare oggetti artistici in forma di videocassetta.

I videoregistratori odierni rendono possibile mostrare opere d'arte su ogni tipo di apparecchio televisivo domestico, ed è anche possibile al giorno d'oggi guardare oggetti artistici per mezzo del proprio televisore in ogni momento, oltre che assistere a trasmissioni d'arte. La cassetta televisiva offre ai musei e ai collezionisti un modo di esibire l'arte senza le difficoltà connesse all'uso dei film a 16mm.

Le speranze che noi esprimemmo sei mesi fa nel corso della mostra *Land Art* sono state rafforzate dalle nuove possibilità tecnologiche. Nonostante ciò, gli artisti non hanno aderito in massa al nuovo mezzo: una 'arte tecnologica del XX secolo' non è emersa. Né Hollywood né i western italiani sono interessati affatto ai video, e non si è evoluta una 'arte televisiva' opposta al fiorire di un'arte nell'ambito urbano: oggetti collocati nei parchi, che adornano le periferie.

Il videoregistratore e la televisione hanno creato un mezzo di comunicazione interamente nuovo. Ora è possibile per le tendenze artistiche contemporanee raggiungere un vasto pubblico quasi direttamente, senza dover aspettare i cinque o dieci anni d'obbligo.

La comunicazione sta acquistando dimensioni sconosciute sino ad ora, ciò nonostante, tuttavia, l'attuale tendenza sembra orientarsi nella direzione opposta. La mostra televisiva *Land Art* ha esibito situazioni create da artisti nell'ambito di paesaggi più o meno imponenti, paesaggi che erano molto meno esotici per gli artisti stessi che per lo spettatore impreparato. Questi artisti hanno tutti, infatti, vissuto o in ogni caso trascorso un considerevole periodo di tempo nelle regioni che figurano nei loro rispettivi lavori. Ciò che tutti i progetti avevano in comune erano le proporzioni, grandemente accresciute rispetto al piano pittorico: paesaggi spaziosi hanno sostituito la tela. De Maria e Heizer hanno lavorato con il levigato letto sabbioso di un lago prosciugato. Sono stati usati pesanti macchinari: Jan Dibbets, per esempio, ha utilizzato un bulldozer per realizzare le sue correzioni di prospettiva su una spiaggia.

Io penso che le critiche adulatrici, quasi in modo irritante, alle mostre di *Land Art* siano in qualche modo dovute a quei paesaggi di grande effetto, ma essi sono stati solo il punto di partenza di un processo di cambiamento formale che arriva ben oltre.

Le idee, come la mimica degli artisti, che erano state ridotte a un minimo, vennero coperte dal paesaggio. In questo modo anche l'idea più radicale divenne conciliante. *Identifications* non risentirà di questo problema.

I venti lavori che si vedranno in questa mostra telivisiva sono stati ideati e realizzati per questa occasione da venti artisti, l'avanguardia internazionale, della Germania, degli Stati Uniti, dell'Inghilterra, francia, Italia e Olanda.

Invece di oggetti d'arte in grande, in paesaggi innevati o deserti, ci viene mostrata ora pure una mimica, un atteggiamento, o semplicemente un'affermazione da parte di un artista. C'è stato uno sviluppo che ha portato lontano dall'autonomo 'oggetto di grandi dimensioni', in cui l'idea e il concetto sono utili per azzerare le dimensioni o l'estetica. Il fil, ridotto in favore dell'essenza dell'oggetto, l'idea.

L'opera d'arte perde la sua autonomia e non può più essere separata da colui che la produce, per esempio l'artista.

Lawrence Weiner si riferisce coerentemente a cassette televisive come 'visualizzazioni' come qualcosa reso vidibile. Egli dimostra la sua idea nel suo lavoro.

Jean Leering, il direttore del museo, fa riferimento alla *Process Art*, arte che non trova più una ulteriore finalità integrabile nell'oggetto per sé, arte che vuole scioccare. Il termine *Arte Povera* è stato coniato in Italia; significa che la materia e la forma sono ridotti ad una sorta di aggregato, proprio come è necessario per la comunicazione dell'idea, senza abbellimenti superflui. I critici americani arrivarono ben presto al termine di *Arte concettuale*: l'idea come opera d'arte, manifestata attraverso molte possibilità di comunicazione. È stato evitato il più possibile di dare lapermanenza dell'idea, di renderla fissa, un prodotto finito, materiale. *Identifications* - il titolo di questa mostra televisiva - indica la correlazione nel processo artistico fra l'opera d'arte e l'artista nel tentativo di superare ciò che li separa.

Questa separazione essenziale è radicata nella domanda del tradizionale mercato dell'arte. L'artista è un artigiano: si deve a questo soltanto il fatto che l'arte possa essere comprata e venduta.

Il film e specialmente la televisione offrono in un certo senso all'artista la possibilità di evitare la materializzazione delle sue idee; la trasmissione televisiva e la videoregistrazione creano un diretto contatto fra l'artista e un potenziale pubblico. La trasposizione dell'idea in termini di comunicabilità o, per usare il termine di Weiner, in una 'visualizzazione', giova all'idea.

Noi non facciamo più esperienza dell'opera d'arte come un dipinto o una scultura, senza contatto con l'artista.

Con l'uso della televisione e dei suoi mezzi l'artista può ridurre il suo lavoro ad un atteggiamento, un semplice gesto, che si riferisce al suo concetto. L'opera d'arte si fa avanti come l'unione dell'idea, della visualizzazione e dell'artista che inventa l'idea.

Non è mia intenzione commentare ogni singolo lavoro di *Identifications* separatamente. I lavori sono in mostra così come sono stati ideati dagli artisti; nessuno di loro è accompagnato da commenti esplicativi.

Vorrei citare ciò che disse Richard Long in *Land Art*: "Il mio lavoro dovrebbe essere mostrato nel modo in cui l'ho fatto. Se sono necessarie spiegazioni, allora il lavoro non è buono".

La messa in onda della galleria televisiva non è una trasmissione di critica d'arte. È prima di tutto e principalmente una presentazione disinteressata di arte, non una relazione esaustiva, né una valutazione, né una spiegazione.

Gli artisti in questa mostra vogliono provocare, scatenare dei processi. Non è mia intenzione smussare o appianare le opposizioni che possono sorgere, né difendere opere provocatorie.

1970

Tratto dall'introduzione alla trasmissione televisiva del 30.11.1970, pubblicata in *Gerry Schum*, catalogo della mostra itinerante a cura di Dorine Mignot, Amsterdam, 1979, per gentile concessione di Ursula Wevers

Identifications (1970)

Il Mostra televisiva.

Comprende i lavori degli artisti Giovanni
Anselmo, Joseph Beuys, Alighiero Boetti,
Stanley Brouwn, Daniel Buren, Pierpaolo
Calzolari, Gino De Dominicis, Ger van
Elk, Hamish Fulton, Gilbert & George,
Gary Kuehn, Mario Merz, Klaus Rinke,
Ulrich Rückriem, Reiner Ruthenbeck,
Richard Serra, Keith Sonnier, Franz Erhard
Walther, Lawrence Weiner, Gilberto Zorio.
Buren e Fulton si ritirarono dopo la prima
trasmissione, i lavori di Serra e di Sonnier
non sono stati prodotti da Gerry Schum.

Film trasferito in video b/n; son.; 50'

Trasmesso dalla rete televisiva
Südwestfunk, Baden-Baden, il 30 novembre
1970, alle ore 22.50

Giovanni Anselmo
(Borgofranco, 1934)
1970 (b/n; son.; 1'10")
con Giovanni Anselmo

Un blocco di cemento da cui sporge un
lembo di pelle: Anselmo attorciglia la pelle
contro un bastone e poi preme il bastone
contro un muro in modo da mantenere
in tensione la pelle. L'azione è ripresa a
camera fissa. Una volta compiuta, la camera
zooma all'interno della pelle in torsione. "Il
mio lavoro è la fisicizzazione della forza di
un'azione, dell'energia di una situazione,
di un'esperienza, di un evento, oppure,
in campo simbolico, di un segno, di una

situazione statica. È perciò necessario, ad
esempio, che restino visibili l'energia della
torsione e la forza che viene impiegata,
perché questo non esista come mera forma
statica" (da una conversazione con Gerry
Schum).

Nel 1968 Anselmo lavorò a numerose
contorsioni. L'opera consisteva in un blocco
di cemento riverso, in cui erano inseriti
materiali diversi, tesi in una torsione.
In questo lavoro l'espressione è data
dall'azione, che provoca una tensione sul
bastone.

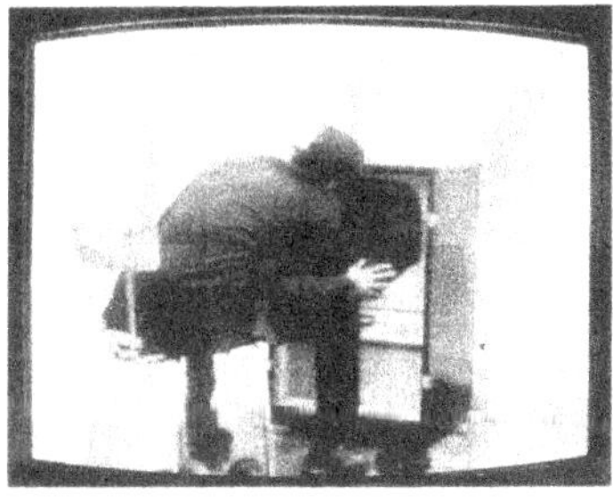

Joseph Beuys
(Krefeld, 1921 - Düsseldorf, 1986)
Fliz-TV, 1970 (b/n; son.; 11'25")
film trasferito in video; tiratura: 9 copie
firmate dall'artista; con Joseph Beuys

Joseph Beuys è seduto di fronte a un
vecchio apparecchio televisivo, il cui
schermo è ricoperto da un pezzo di feltro. Il
televisore è acceso, si sente il commento di
un notiziario. Beuys alza il lembo del feltro,
scoprendo uno schermo vuoto. Si infila dei
guantoni da boxe e si colpisce ripetutamente
il viso.

Una seconda inquadratura a distanza più ravvicinata mostra Beuys che taglia un salame a metà, ed inizia poi ad auscultare lo schermo con uno dei due pezzi, usandolo come fosse uno stetoscopio. Poi taglia il salame, appuntendone un'estremità, si avvicina al muro e lo preme contro di esso.

Infine, trasporta il televisore verso il muro e lo dispone di fronte ad una stoffa di feltro che sporge dalla parete.

Quest'azione, ideata per la prima volta come performance nel 1966, può essere interpretata come la visualizzazione delle sue idee sulla comunicazione televisiva.

Alighiero Boetti
(Torino, 1940 - Roma, 1994)
1970 (b/n; son.; 2'05")
con Alighiero Boetti

Le due braccia dell'artista convergono al centro dell'immagine, e iniziano a scrivere simultaneamente sul muro la data del giorno in cui l'azione avviene: "giovedì ventisette marzo millenovecentosettanta". Una è l'immagine riflessa dell'altra. La simultaneità del tempo è ulteriormente enfatizzata dal contenuto della frase scritta da Boetti: la data dell'azione. Questo può rendere possibile l'impossibile? O rende impossibile il possibile?

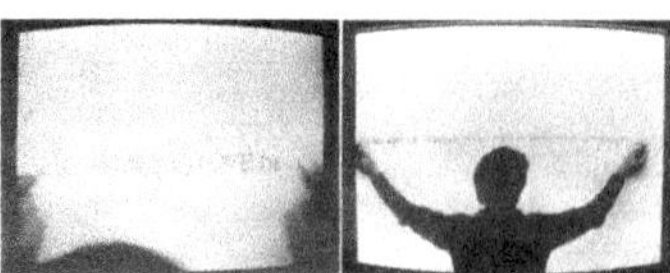

Stanley Brouwn
(Paramaribo, Suriname, 1935 – Amsterdam, 2017)
One Step, 1970 (b/n; son.; 1'57")

Camera fissa su una veduta del Dam, ad Amsterdam, per circa trenta secondi, poi l'immagine si fa disturbata, tornando in seguito nuovamente fissa. Il titolo indica ciò che è accaduto: Brouwn ha compiuto una passeggiata lungo il Dam portando con se la telecamera.

"Non è inconcepibile, anzi è assolutamente probabile che io riesca a sommare tutti i progetti fatti nel corso della mia vita sotto un unico titolo: Un uomo cammina sul pianeta Terra". (Brouwn)

Pierpaolo Calzolari
(Bologna, 1943)
1970 (b/n; son.; 2'12")

Appena una voce intona "ehi ah, ehi ah"
appare l'immagine di una macchina da
scrivere che, ticchettando, scrive su un
foglio di carta. Lentamente il testo diviene
leggibile, lo stesso che era stato esposto a
caratteri di grandi dimensioni sul pavimento
di una galleria:

"1 e 2 giorno come gli orienti come due

3 the picaro's day

fourth day like 4 long month of absence

5 contra naturam

6th day of reality

7 seventh - with usura - contra naturam"

Una seconda inquadratura mostra un
filo di rame arrotolato a formare un 6 - 'il
giorno della realtà' -; nelle riprese seguenti
viene avvicinato ad una fiamma o lasciato
bruciare sul braccio di un uomo.

Il lavoro di Calzolari, con la parola,
cerca di documentare il più alto grado di
inconsapevolezza personale a determinare
una situazione. Le sue frasi sono esplosioni
mentali, tentativi di cambiamento, ma mai
processi compiuti di pensiero.

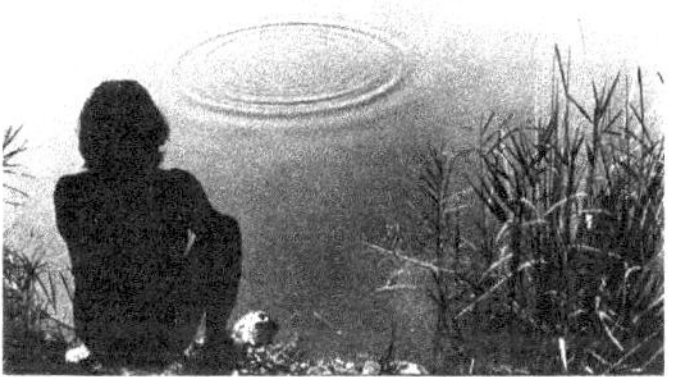

Gino De Dominicis
(Ancona, 1947 - Roma, 1998)
Tentativo di volo, 1970 - b/n; son.; 1'55" -
con Gino De Dominicis

All'inizio del lavoro De Dominicis espone
il contenuto del lavoro, informando che:
"Forse è perché so nuotare che ho deciso
di imparare a volare. Ho ripetuto questo
esercizio tre anni. È possibile che non
raggiungerò mai il mio scopo. Ma se
persuaderò mio figlio, e questi il figlio di suo
figlio, forse uno dei miei discendenti scoprirà
come si può volare".

Mostra allora il suo esercizio. Sta sulla cima
di una collinetta, stira le braccia, si prepara
al volo ruotando sempre più velocemente le
braccia e piegando lievemente le ginocchia,
e infine salta giù dalla collina. Lo ripete
cinque volte.

Quadrati cerchi, 1970 (b/n; son.; 6')
film trasferito in videotape; tiratura: 125
edizioni; con Gino De Dominicis.

Girato a camera fissa.

De Dominicis, seduto su un terrapieno
vicino a uno stagno, dà le spalle alla
camera. Getta dei sassi nell'acqua, uno
alla volta. Ogni ciottolo, nell'acqua, forma
dei cerchi che si allargano sempre più.
Quando diventano così grandi da riempire
lo schermo, De Dominicis lancia un nuovo
sasso. Il titolo *Quadrati cerchi* indica il
contenuto dell'azione. Sono evocati concetti
come 'Quanto possono essere assolute le
leggi della natura?'.

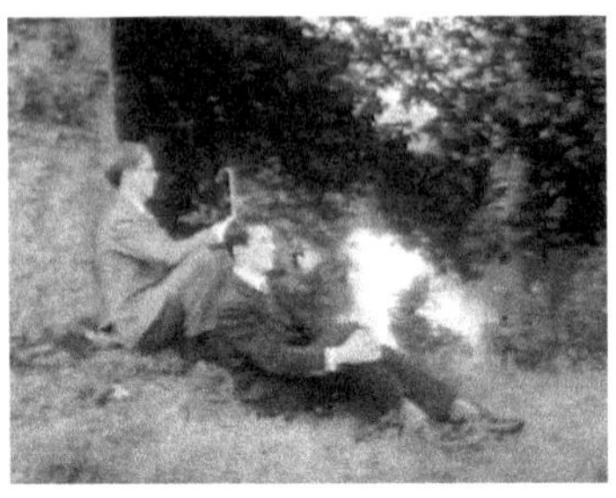

Gilbert & George

(San Martino d'Abbia, 1943 & Devon, 1942)
1970 (b/n; son.; 1'25") con Gilbert & George

Due uomini sono seduti immobili sotto
un albero accanto ad uno stagno, in un
parco. La composizione dell'immagine è
studiatissima. Improvvisamente la figura
a sinistra interrompe questa immagine
'congelata', aspirando da una sigaretta.
Dopo di che, la pace è restaurata. Un'unica
inquadratura per l'intera durata del video,
registrato in tempo reale, come se fermasse
pochi istanti della vita di Gilbert & George.
I due srtisti si fanno chiamare 'le sculture
umane', definendo in questo modo la
propria esistenza arte.

Gary Kuehn

(Planfield, New Jersey, 1939)
1970 (b/n; son.; 1'25") con Gary Kuehn

Gary Kuehn ricopre con tratti incrociati
il vetro dello schermo televisivo,
accompagnato da un battito sonoro. Il
movimento spontaneo del gesto che traccia
le linee viene delimitatto dalla cornice del
monitor. In questo lavoro (l'unico suo per
la televisione) i liberi movimenti dell'artista
e il loro venire circoscritti possono essere
comparati alla polarità, caratteristica nel
lavoro di Kuehn, tra materiali duri e morbidi,
forme organiche e geometriche.

Mario Merz

(Milano, 1925 - Milano, 2003)
Lumaca, 1970 (b/n; son.; 1'20") con Mario
Merz

versione ridotta (originale 2'27") di film
riversato in video quattro copie numerate,
accompagnate da un oggetto-certificato:
una bobina in un contenitore di perspex con
la progressione di Fibonacci (dimensioni
cm. 34x34x3), con l'iscrizione "La spirale di
Fibonacci come videoscultura", e la firma
dell'artista.

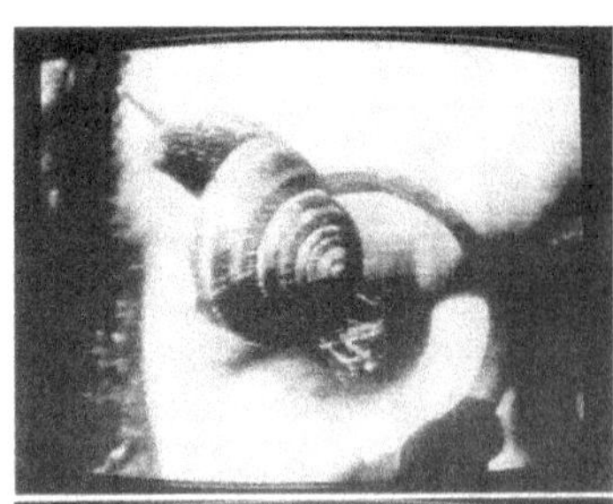

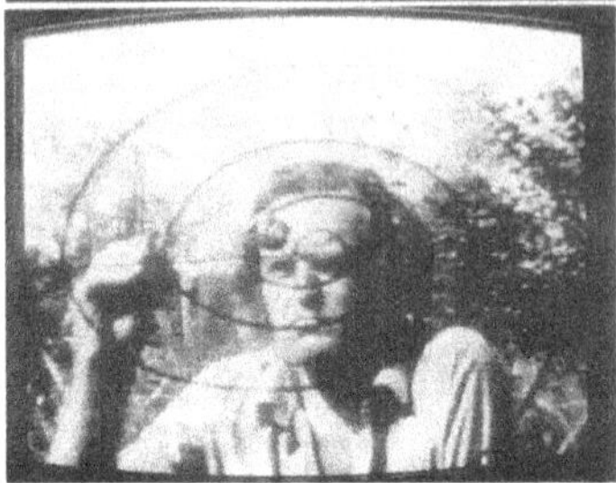

Vediamo una lumaca su una lastra
di vetro. Dalla parte opposta,dietro il
guscio dell'animale, Mario Merz traccia,
partendo dal guscio, una spirale sul
vetro secondo la progressione di
Fibonacci, come è spiegato dalla sua
voce fuori campo. L'artista ha impiegato
questa serie progressiva in molti altri
lavori, nei muei, su scale, muri, piante,
pigne...

La progressione di Fibonacci fu scoperta
da Leonardo da Pisa nel 1202, mentre
cercava di calcolare quanti piccoli genera
una coppia di conigli nel corso di un
anno, supponendo che ogni coppia possa
generarne un'altra ogni mese, che a sua
volta ne genererebbe un'altra ancora il
mese seguente, e così via. Il risultato
dei suoi calcoli fu questa progressione:
1-1-2-3-5-8-13. L'interesse mostrato da
Merz per la progressione di Fibonacci,
aritmetica, ma basata su un fenomeno
biologico, si può ritenere esemplare del
suo lavoro, nel quale è costantemente
presente una contrasto-relazione tra
razionalità e natura, sia nella scelta dei
materiali che dei soggetti.

Klaus Rinke

(Wattenscheid, 1939)
1970 (b/n; son.; 50") con Klaus Rinke

Klaus Rinke è in piedi al centro dello
schermo, vicino a un bidone pieno d'acqua.
Improvvisamente rovescia il bidone con
la mano destra, e rimane fermo in questa
posizione mentre l'acqua si riversa sul
terreno, spandendosi tutto intorno e
formando lentamente una macchia che
arriva a riempire quasi tutto lo schermo.
Rinke, che usa l'acqua come materiale in
molti altri lavori, qui la utilizza come mezzo.
L'immagine è stata parzialmente manipolata
con l'uso del rallentatore per accrescere
l'effetto astratto del flusso espanso
dell'acqua.

Ulrich Rückriem

(Düsseldorf, 1938)
1970 (b/n; son.; 55") con Ulrich Rückriem

Al centro dell'immagine appare un blocco di
pietra, sulla cui superficie sono chiaramente
vidibili delle fenditure, una struttura che
Rückriem ha proposto in numerose varianti.

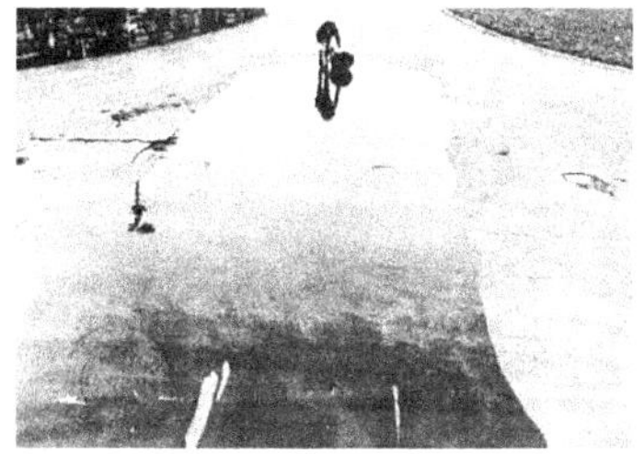

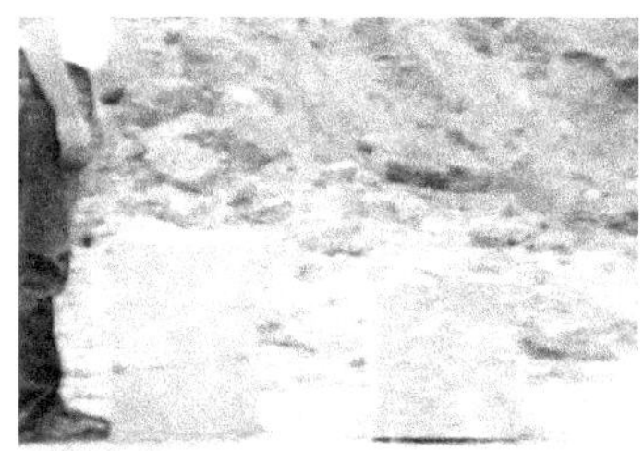

All'estrema sinistra, visibile solo per metà, Rückriem smonta il blocco da lui tagliato precedentemente in più pezzi e quindi levigato, rimuovendo i frammenti ad uno ad uno; modificando in tal modo la composizione e il volume della scultura. Questo pezzo può essere inteso come la visualizzazione del motivo da cui la scultura parte: dare forma allo spazio.

Reiner Ruthenback
(Velbert, 1937)
1970 (b/n; son.; 3'40")

Sulla destra dello schermo appare una pila di carta. Due mani prendono un foglio dopo l'altro, lo accartocciano e lo gettano al centro dell'inquadratura. Il sonoro è in presa diretta. L'azione viene ripetuta mentre la camera zooma lentamente fino a mostrare soltanto un mucchio di carta appallottolata, ingrandito fino a riempire lo schermo. Accartocciare fogli di carta come azione premeditata, processo iniziale da riferire alla scultura, ma, alla fine, anche alla pittura. La zoomata della camera conferisce all'immagine una sempre maggiore bidimensionalità: ogni foglio accartocciato che viene ad aggiungersi al mucchio occupa in misura crescente lo schermo, fino ad oscurarlo del tutto.

Franz Erhard Walther
(Fulda, 1939)
1970 (b/n; son.; 2'05") con F. E. Walther

Una pezza di tessuto arrotolato adagiata sul terreno occupa il centro dell'immagine. Walther cammina sulla stoffa, la srotola e vi si distende sopra. La stoffa ha la forma di una porzione di cerchio. Dapprima l'artista si dispone puntando il capo verso il centro immaginario del cerchio, allargando le gambe, quindi le gira intorno e si distende nuovamente, puntando questa volta le gambe unite verso il centro e stirando le braccia. Il suo corpo, in entrambe le situazioni, segue la sagoma della stoffa.

Gli oggetti di Walther, da lui chiamati 'oggetti-materiali', non posseggono valore autonomo. In questo film, concepito come mostra televisiva, egli dimostra la possibile applicazione dell'oggetto n. 29 dalla prima serie d'opere ('primo Werksatz'). Qui mostra la situazione 'tesa-rilassata'.

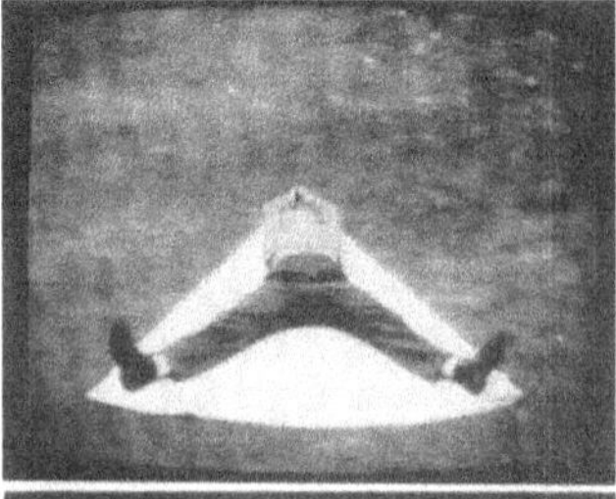

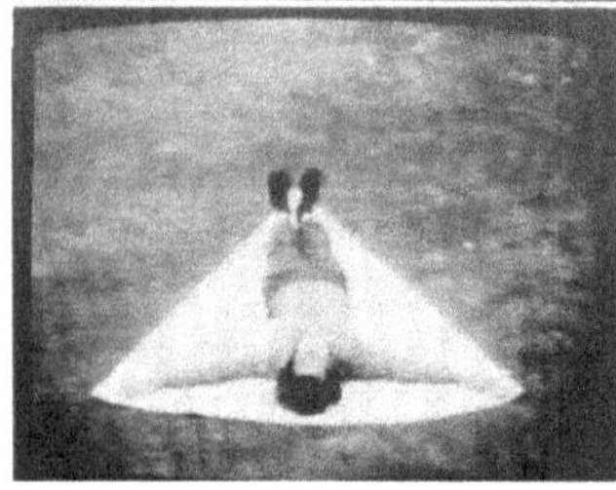

Lawrence Weiner

(New York, 1942)

1970 (b/n; son.; 50") con Lawrence Weiner

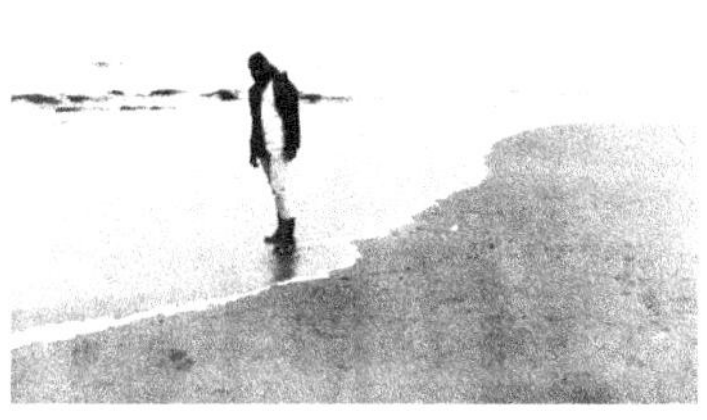

"To the sea

On the sea

From the sea

At the sea

Bordering the sea"

(verso il mare / sul mare / dal mare / al mare
/ rasentando il mare)

Weiner ha scelto il linguaggio come
materiale per la sua arte. Considera il film,
attraverso il quale descrive queste cinque
proposizioni riguardanti il mare, come la
visualizzazione della didascalia, uno dei
modi di praticare il suo lavoro. Spiega
all'inizio del film:

"Riguardo ai vari metodi d'uso

1 l'artista può interpretare la didascalia

2 la didascalia si può inventare

3 la didascalia non ha bisogno di essere
illustrata.

Essendo ognuno identico e coerente con
l'intento dell'artista, le decisioni spettano al
fruitore nell'atto di ricevere".

Gerry Schum
La galleria televisiva, un'istituzione mentale

Caro Signor Youngblood,

ho paura che questo articolo o lettera sarà l'ultimo-ultimo-ultimo spettacolo per il suo libro *Expanded Cinema*.

Mi scuso, ma siamo stati terribilmente occupati con il catalogo per il programma televisivo *Land Art*. Spero che questa lettera non sia troppo in ritardo. La via più facile per spiegare la mia concezione dell'arte e della televisione è presentare la nostra galleria televisiva, specialmente parlare del programma *Land Art*, che recentemente è stato trasmesso dalla rete televisiva nazionale. Ciò significa che io ho la possibilità di parlare delle realtà e non delle teorie, che sono più o meno solo speranze per il futuro dell'arte e della televisione. Credo che attualmente la galleria televisiva sia unica fra tutte le varie forme di programmi artistici in televisione. La recente mostra di arte televisiva che noi abbiamo allestito nella suddetta galleria era il programma *Land Art*.

Nella *Land Art* sono stati mostrati i *film objects* dei seguenti artisti:

NOME DELL'ARTISTA	OBJECT	LUOGO DI REALIZZAZIONE
Richard Long	*Walking a straight 10 Mile line*	Dartmoor/Inghilterra
Barry Flanagan	*Hole in the sea*	Scheveningen/Olanda
Dennis Oppenheim	*Time Track*	Fort Kent, confine orario USA/Canada
Robert Smithson	*Fossil Quarry Mirror*	Cayuga Lake, Stato di New York
Marinus Boezem	*Sandfountain*	Camargue, Francia
Jan Dibbets	*12 Hours Tide Object with Correction of Perspective*	Costa olandese

Walter De Maria   *Two Lines Three Circles on the desert*   Mohjave Desert, California

Mike Heizer   *Coyote*   Coyote Dry Lake, California

Innanzitutto le fornisco alcune notizie che riguardano la galleria. Televisione in Germania si dice "Fernsehen". Così "Fernsehgalerie" significa galleria televisiva. Ho scelto l'espressione galleria televisiva per rendere consapevole il pubblico della nuova forma artistica che la Fernsehgalerie rappresenta.

La prima cosa che desidero spiegare è il fatto che la galleria non è un vero spazio fisico. La galleria televisiva esiste solo in una serie di trasmissioni televisive; ciò significa che essa è più o meno un'istituzione mentale che esiste realmente solo nel momento della trasmissione televisiva. Non è il posto per mostrare oggetti artistici reali che si possono comprare e portare a casa. Una delle nostre idee è la comunicazione dell'arte invece del possesso dell'oggetto artistico. Questa concezione rende necessario trovare un nuovo sistema per pagare gli artisti e coprire le spese per la realizzazione dell'oggetto d'arte che è il programma televisivo. La nostra soluzione consiste nel vendere il diritto di trasmissione, ossia un tipo di diritto d'autore alla stazione televisiva. La produzione copre i costi di fabbricazione del film, le spese di realizzazione dell'oggetto d'arte e paga l'onorario all'artista. (...) Conformemente a queste idee la mostra televisiva *Land Art* non documenta un evento artistico che esiste ovunque, fuori dall'esatto tempo e luogo della trasmissione. Invece della documentazione di tale evento, creato per un medium differente, per esempio per una galleria, nella galleria televisiva ogni cosa è progettata in speciale accordo col mezzo filmico o televisivo. Ciò significa che gli oggetti e idee artistiche cominciano ad esistere solo nel momento della trasmissione. Dopo sei mesi di lavoro con gli artisti non è rimasto nulla se non 1500 piedi di bobina. Non c'è oggetto che possa essere visto 'nella realtà' o essere venduto come tale. L'opera d'arte è il film stesso. Il film è il risultato di un'idea, della realizzazione dell'artista e del mio lavoro come regista e operatore. Nella pratica si ha un'idea che più o meno già include il fatto che la riproduzione, mediante il mezzo filmico o televisivo, sia parte della realizzazione dello stesso oggetto. L'oggetto come 'simbiosi' fra idea artistica e mezzo filmico.

Riprendendo: la prima specifica base della galleria televisiva è il fatto che tutti gli oggetti trasmessi durante uno spettacolo della Fernsehgalerie sono specialmente creati per la riproduzione mediante il mezzo televisivo.

Il procedimento di filmare e trasmettere è parte fondamentale dell'opera d'arte mostrata con la galleria televisiva. Due esempi: Richard Long prese parte al programma *Land Art* usando solo la cinepresa per inquadrare parti speciali di un paesaggio. Il titolo del suo *object* era: *Walking a straight 10 mile line forward and back, shooting every half mile*. Credo che riguardo le idee della galleria televisiva Richard Long abbia creato il più logico *object* del programma *Land Art*. Per tracciare la sua linea di dieci miglia egli non ha utilizzato nessun gesso né ha scavato alcun solco. Solo la cinepresa ha filmato, ogni mezzo miglio, sei secondi di paesaggio nella direzione verso la quale egli camminava. Long stesso era fuori dall'inquadratura. Il secondo esempio del programma *Land Art* è l'*object* di Jan Dibbets: *12 Hours Tide Object with correction of perspective!* (Di fronte alla cinepresa sulla sabbia verso qualche luogo della costa olandese). La base del trapezoide vicina alla cinepresa era lunga quasi 3 metri, l'estremità quasi 28. Questa relazione fra base ed estremità era stata trovata in accordo con la correzione di prospettiva dell'ampiezza d'angolo della lente della cinepresa. Il lato più corto del trapezoide era di fronte alla cinepresa. Il risultato era che il trapezoide visto dalla cinepresa - e questa era la sola via di ricezione per la quale era stato creato - diventava un rettangolo perfetto, in accordo con l'inquadratura. Jan Dibbets fece un *object* simile prima usando una cinepresa fissa, poi con la cinepresa mobile ha reso il processo di trascinamento e di distruzione di una visibile marea. Tutto il tempo la cinepresa ha avuto la stessa posizione. Non ci sono stacchi, le riprese sono state montate con aperture e chiusure in dissolvenza.

Nel film *Land Art* nessuno degli artisti era stato visto come persona che recita. Penso che questa è un'altra specificità della galleria televisiva la cui idea è di mostrare soltanto oggetti d'arte. Non ritengo abbia alcun senso mostrare i volti o le mani degli artisti in riprese ravvicinate e neanche riprendere l'atmosfera che c'è in studio. La sola cosa che deve essere vista è l'oggetto artistico. E non c'è bisogno di nessun commento. Durante tutti i 38 minuti del programma *Land Art* non c'era nessuna parola, nessuna spiegazione perché ritengo che un'opera realizzata esclusivamente per la televisione non abbia bisogno di una spiegazione verbale.

In generale considero le mostre televisive della Fernsehgalerie come un genere specifico di evento artistico e non come una sua documentazione. Vi sono veramente pochi artisti oggi che a parer mio sono consapevoli delle possibilità che potrebbero scaturire dalla cooperazione fra l'arte e il medium televisivo. (...)

29 giugno 1969

Traduzione di Maria Santori

Il brano è in *Gerry Schum, Fernsehausstellung Land Art*, Hannover, 1970, per gentile concessione di Ursula Wevers

1. *"I lavori sono stati concepiti e realizzati appositamente per il medium televisivo". Guardi al tuo lavoro in video come se fosse principalmente una forma di documentazione, oppure lo consideri un operare artistico a tutti gli effetti?*

2. *Senti il bisogno di interrompere il triangolo studio-galleria-collezionista?*

3. *"La galleria televisiva è nata dall'idea di confrontarsi con un pubblico che fosse il più vasto possibile sulle attuali tendenze che muovono il mondo dell'arte". Condividi questa tesi?*

4. *Perché hai partecipato ai lavori della galleria televisiva di Gerry Schum?*

KEITH ARNATT

1. Considero *Self-Burial (Autosepoltura)* un'opera d'arte completamente autonoma che doveva essere realizzata in televisione. L'idea di usare fotografie in questo modo mi è venuta in mente un po' di tempo dopo che la sequenza era stata ripresa la prima volta. È stata realizzata originariamente come un commento alla nozione di *scomparsa dell'oggetto artistico*. Mi sembra un logico corollario che anche l'artista dovrebbe scomparire.

2. Non ero particolarmente interessato ad evadere dal triangolo, ma semplicemente ad usare la televisione come mezzo.

3. Il mio interesse non era raggiungere un pubblico più vasto, sebbene l'idea non mi dispiaccia.

4. Mi interessava l'uso della televisione come mezzo espressivo.

JOSEPH BEUYS

2. È della massima importanza evadere da quel triangolo e raggiungere un pubblico più numeroso possibile. Schum ha fatto un grande passo nella giusta direzione con la sua mostra televisiva.

La sua concezione era chiara. Egli ha realizzato semplicemente e chiaramente quell'idea; l'opera d'arte stessa è stata trasmessa direttamente in televisione.

DANIEL BUREN

2. Oggi, nel 1979, reputo ancora molto interessante, persino di vitale importanza, evadere da quel triangolo ogni volta che sia possibile. Ma, diversamente da Gerry, io non credo che l'uso del video abbia infranto il triangolo. Io penso che l'uso del video abbia resistito finora grazie al rafforzarsi di quel triangolo. E questa situazione non cambierà fino a che la distribuzione di lavori su video non sarà stata adottata da tutti i musei (più o meno nel modo in cui funzionano le biblioteche pubbliche). È immaginabile che nella prossima fase i lavori su video creati da artisti saranno regolarmente inclusi nei programmi televisivi di ogni paese. Quando questo traguardo sarà raggiunto, il triangolo cesserà di esistere.

3. La creazione di una galleria televisiva ha tutto sommato confermato di nuovo che solo coloro i quali erano veramente interessati alle manifestazioni più recenti di arte visiva hanno provato interesse anche per questa galleria.

4. Ho accettato l'offerta di lavorare con Gerry non solo perché egli dava a chiunque lavorasse con lui una inestimabile assistenza tecnica, ma anche perché ha avuto un'acuta percezione di ciò che stava avvenendo, diciamo un fine senso di attualità, e perché è sempre stato pronto ad accogliere idee e suggestioni, perfino quando erano del tutto inattuabili [...].

Un'altra ragione è stato il desiderio di usare e sperimentare un mezzo nuovo e sotto molti aspetti affascinante, principalmente visivo, più che il desiderio di operare al di fuori del sistema artistico attualmente esistente.

WALTER DE MARIA

3. Schum è stato uno dei primi a riconoscere l'enorme raggio d'azione della televisione. Il tempo che la gente trascorre a guardarla è inversamente proporzionale al tempo che trascorre a leggere un quotidiano oppure un libro. È tempo ormai che gli artisti

si impossessino delle trasmissioni televisive, che comincino ad usare la televisione come mezzo espressivo in modo massiccio. È così sin dalla loro infanzia. Schum avrebbe solo dovuto organizzare i suoi affari in modo migliore.

JAN DIBBETS

1. Un'opera d'arte.

2. Partecipare è evadere.

3. Purtroppo, questa è stata solo l'ottimistica tesi di Schum.

4. Per l'integrità delle idee di Schum.

BARRY FLANAGAN

1. Un'opera d'arte.

2. Sì.

3. Perché sembrava più appropriata a certe idee.

RICHARD LONG

1. L'opera è il film stesso.

4. Sono felice di aver avuto l'opportunità di ideare un lavoro con un mezzo per me nuovo (la pellicola), che ha dato una nuova espressione alle mie passeggiate di quel periodo nella brughiera.

REINER RUTHENBECK

1. L'informazione/documentazione è stata l'idea originale; una volta che l'opera era stata realizzata, ho riconosciuto il carattere autonomo del filmato.

2. Sì, c'è stato e c'è tuttora un grande scontento fra gli artisti a proposito di questo triangolo. Esso esiste grazie all'artista e all'arte che egli crea. Gli altri due vertici del triangolo sono spesso considerati più importanti del vertice 'studio'.

3. Non ero interessato a questo.

4. Ero interessato al nuovo mezzo.

RICHARD SERRA

1. Unicamente un'opera d'arte autonoma.

2. Trovo noiosa la questione del triangolo. L'impossibilità di escludere le contraddizioni, sia interne che esterne, è in parte una struttura che definisce il mio lavoro. Fronteggiare le contraddizioni, prendere decisioni nel contesto concerne il carattere del contenuto del mio lavoro.

3. L'arte non è adatta alla comunicazione di massa, tranne quando non sia concepita specificamente con questo obbiettivo - come in *Television Delivers People*.

4. Gerry era 'posseduto' da una visione idealistica, che giustificava la sua energia positiva. Mi chiese se volevo collaborare e, dato il mio interesse e la sua capacità produttiva, sentii che poteva essere interessante. A lavoro concluso, posso dire che ne è valsa la pena per entrambi.

FRANZ ERHARD WALTHER

1. Un'opera a tutti gli effetti.

2. Allora non pensavo molto ai sistemi commerciali e ufficiali dell'arte, perché avevano poco a che vedere con ciò in cui ero coinvolto. Era del tutto ovvio che lì non c'era spazio per il mio lavoro. Da allora questa situazione è mutata.

3. Pensavo che l'idea fosse importante, sebbene non credevo che questo confronto avrebbe cambiato qualcosa.

4. Perché l'idea di una galleria televisiva mi sembrava molto limpida.

LAWRENCE WEINER

1. Io considero filmati e videocassette per quello che sono: filmati e videocassette.

2. Il triangolo merita sia attacchi che lodi. Schum, infatti, non ha cercato di liberarsi di nessun paraocchi. La stazione televisiva ha funzionato come surrogato di una struttura da museo.

3. Ero d'accordo e lo sono tuttora sul fatto che l'utilizzazione di mezzi pubblici di comunicazione per presentare il lavoro di un

artista implichi la responsabilità non solo dell'artista e dei mezzi, ma anche del pubblico.

4. Gerry mi ha offerto mezzi di produzione e una struttura malleabile.

GILBERTO ZORIO

1. La manifestazione di un oggetto.

MARINUS BOEZEM

Il mondo come 'negativo' dell'opera d'arte.

Ciò che mi spinse ad usare la televisione negli anni Sessanta, a parte gli altri mezzi, fu l'opportunità di sperimentare un nuovo contesto per il mio lavoro.

L''ambiente' o contesto in cui l'arte diventa arte reale mi ha sempre interessato.

Io considero il riflesso, o l'interazione fra l'opera d'arte e il suo contesto, di vitale importanza per il mio lavoro. Guardando al passato, posso dire ora che questa componente dell'opera d'arte ha svolto un ruolo nell'operato di un gran numero di artisti in quei giorni, particolarmente quelli il cui lavoro era etichettato come *arte concettuale*. Non si è trattato tanto di creare un tipo differente d'arte, ma di ambire ad un nuovo spazio, le masse, la società. Noi usammo tutti i mezzi importanti dell'epoca, giornali, riviste, televisione, suono, pellicola, telex, ecc. Tuttavia, l'idea di una maggiore responsabilità sociale fu meno importante per noi della ricerca di nuovi spazi. Di conseguenza fu molto spontaneo aderire alla richiesta di Gerry Schum che mi chiese di contribuire al suo filmato *Land Art 1969*. Fui colpito dalla direzione totalmente nuova di questa arte.

HAMISH FULTON

Gerry Schum ha presentato modi alternativi di fare e mostrare l'arte contemporanea ad un vasto pubblico, e per questa ragione si sente moltissimo la mancanza della sua presenza. Ogni espansione delle possibilità che riguardano il triangolo studio-galleria-collezionista deve essere una buona cosa. Creare alternative percorribili è della massima importanza, forse ancor più ora, dopo che Schum ha iniziato per primo a lavorare con la televisione.

GARY KUEHN

Io sono sempre stato un 'facitore di oggetti'. Il modo in cui le mie opere sono distribuite non è di primaria importanza per me. Inoltre, non avevo interesse di alcun genere nelle implicazioni politiche e morali della connessione studio-galleria-collezionista, che per un periodo fu elevata al grado di soggetto nel lavoro di certi artisti nei primi anni Sessanta. Il lavoro che ho fatto con Gerry Schum per *Identifications* era in stretta relazione con i disegni che stavo elaborando in quel periodo.

Gerry mi invitò a fare un lavoro per *Identifications* e, dopo averci riflettuto un po', mi interessai al video come mezzo per rivelare il processo racchiuso in quei particolari disegni e, attraverso il video, specificare le mie intenzioni. Naturalmente, una volta che cominciammo a lavorare, il video come mezzo si è imposto con prepotenza, e io trovai che il mio intento originale era stato in qualche modo sopraffatto dalle possibilità del mezzo, che lo stavo usando come fine a se stesso.

Le dichiarazioni sono state raccolte da Dorine Mignot, prendendo spunto dall'introduzione di Gerry Schum a *Land Art*, in parte oralmente e in parte per iscritto (vedi nota 21 a p. 47), e pubblicate in *Gerry Schum*, catalogo della mostra a cura di Dorine Mignot, 1979, qui ristampate per gentile concessione della curatrice

L'avventura di Art/Tapes/22
Intervista a Maria Gloria Bicocchi, direttrice di Art/Tapes/22
di Alessandra Cigala e Valentina Valentini

Puoi raccontarci la storia di Art/Tapes/22, come hai iniziato sotto quali spinte hai deciso di occuparti della produzione e della circolazione di videotape d'artista?

Innanzitutto sono figlia di un artista, Primo Conti, ho quindi vissuto tutta la mia vita nel mondo dell'arte, fin da bambina ho conosciuto Picasso, Strawinsky... ho avuto veramente molta fortuna e una vita molto avventurosa. Desideravo occuparmi in prima persona di qualcosa, ma non mi interessava scrivere il solito libro. Così ho aperto una galleria di grafica. Mi sono subito accorta però che comprare e vendere non faceva per me. Proprio in quegli anni Gerry Schum aveva iniziato il suo lavoro, ero molto affascinata da quell'avventura estrema che allora sembrava una follia totale. Così ho comprato i macchinari e mi sono messa a fare videotape, con una passione enorme.

Art/Tapes/22 divenne in breve tempo il punto focale in Europa per la produzione di videotape. Nel frattempo Gerry Schum è morto.

Come era organizzato Art/Tapes/22? Era solo un centro di produzione, oppure anche una galleria? Possedeva una videoteca?

Avevo una videoteca e mi occupavo anche di distribuzione, ho fatto conoscere in Italia video di artisti americani ed europei, ma Art/Tapes/22 non era una galleria, era un centro di produzione. Al pianterreno della casa dove abito c'era un enorme loft dedicato totalmente alla produzione di videotape e, accanto, un appartamentino destinato ad ospitare l'artista o gli artisti che venivano a realizzare i loro lavori. Ogni artista era completamente spesato di tutto, anche del viaggio, per venire qui a Firenze.

Avevo stipulato un accordo con Castelli e Sonnabend per quanto riguardava la possibilità per gli artisti che lavoravano con loro di venire a realizzare dei video a Firenze, prodotti dal mio laboratorio, perché, essendo loro molto gelosi dei propri artisti, non li concedevano in assenza di un accordo preliminare. Gli artisti americani, una volta arrivati a Firenze, erano entusiasti del 'volontarismo' italiano, perché qui la passione per il lavoro era tale che se un artista voleva lavorare di notte, si lavorava di notte, mentre in America c'era già la professionalità del tecnico in camice bianco che alle cinque smette. E questo tipo di professisonalità, in genere positiva, si concilia con difficoltà con il lavoro, non voglio dire con l'ispirazione, dell'artista.

A proposito dei rapporti molto stretti che hai intrattenuto con l'arte americana, vorremmo che ci parlassi della mostra itinerante Americans in Florence, Europeans in Florence *che hai fatto girare per l'Europa e per gli Stati Uniti nel 1974.*

Era un modo esplicativo per far capire che cosa è un videotape. Per dimostrare che il videotape è quella cosa che, pur rappresentando un'opera unica d'artista, non un multiplo, assolutamente, può viaggiare in una scatoletta di cartone. Per cui allestire una mostra diventa per alcuni versi più semplice, non c'è più bisogno di camion. Mostre di questo tipo sono state fatte a ruota in quegli anni, a volte anche contemporaneamente, in più musei.

Scorrendo i nomi degli artisti che hanno lavorato con te, i titoli delle loro opere, si ritrovano i due filoni dell'arte di quel periodo, arte povera e arte concettuale. Puoi parlarci della tua esperienza con qualcuno di loro?

Era l'arte di quel periodo, in tutto il mondo. In America c'era la Minimal art, che in qualche modo equivaleva all'arte povera qui in Italia, e poi il concettuale. Ho lavorato con molti artisti.

Li ricordo tutti con grande emozione. Vito Acconci ha fatto dei bellissimi tape. È venuto per un giorno ed è rimasto per un mese, nel 1973. Poi anche altri artisti americani: Charlemagne Palestine, incontrato a Parigi in occasione del Festival d'Automne, che ha realizzato con me due bellissimi video, *Body Music 1* e *Body Music 2*, nella villa di Artemino. Joan Jonas, che, sempre ad Artemino, ha ideato un altro bellissimo tape, *Merlo*. E Douglas Davis, che ha fatto una grande pubblicità al lavoro prodotto con me, *Florence*

Tape: Clothing, Walking, Lifting, Learning, facendolo apparire via satellite in tutto il mondo il 24 giugno 1977, da Kassel, durante una performance. Con lui c'erano Nam June Paik e Beuys. Douglas Davis è molto importante come artista video, anche perché lavora esclusivamente con questo mezzo. Io lo amo meno proprio per questo motivo. Fra gli artisti americani che hanno lavorato con me c'è Allan Kaprow, che ha ideato due video bellissimi, complicatissimi, e che ha insegnato a tutti noi cosa significa utilizzare il medium come medium. Kaprow è stato uno dei primi ad usare il video. Credo che in qualche modo, nel corso del suo insegnamento a La Jolla University, usasse il video, inteso anche come videoinstallazione. Un altro artista che ha spesso lavorato sulle installazioni video è Dan Graham, con cui ho provato per lungo tempo a fare un videotape, ma senza riuscirci. Sono riuscita invece a portare qui in Italia un altro lavoro molto bello, *Past Future, Slit Attention*. Ho distribuito anche una serie di cortissimi video di Terry Fox, riuniti insieme con il titolo di *Children Tapes*, bellissimi, molto brevi. Ricordiamo quelli di Bob Wilson. Ne ricordo uno in bianco e nero: si vede una scodella di ferro, appoggiata ad una forchetta, nella cui cavità ronza un moscone... si sente l'estate, dentro... Ad un certo punto scatta qualcosa per cui questo moscone scappa, e il tape termina quando finisce il ronzio. Bellissimo. La porzione conclusa di tempo. Un avvenimento, un piccolo avvenimento, di quelli che ci sfuggono ma che accadono sempre. Concluso. Bellissimo. E in questo nastro ce ne sono molti così costruiti. Ho avuto anche un lavoro di Joseph Beuys, la trasposizione video di una sua performance nella galleria di Lucio Amelio, e che Amelio fece filmare, *Vitex Agnus Castus*. È a colori. Beuys tornava sempre sui suoi lavori, e la versione video è concepita proprio per questo mezzo, con un taglio diverso dalla ripresa filmica, si distacca dalla pura registrazione dell'evento. So che rielaborò quest'opera anche in grafica.

Ma ho lavorato anche con molti artisti italiani. Gino De Dominicis, per esempio, mi ha fatto impazzire prima di realizzare un videotape con me. Veniva a Firenze, mi ordinava un pianoforte a coda, una professoressa di pianoforte del conservatorio, un organo elettrico... e poi non si riusciva a realizzare niente, perché la professoressa, presa in giro da lui, andava su tutte le furie. Alla fine siamo però riusciti a portare a termine un lavoro, si chiama *Videotape*. Vi si vede un'immagine video disturbata, una persona seduta di spalle guarda il monitor con dei drop-out e dice: "Ma è questo il videotape di De Dominicis?" e la voce di Gino fuori campo risponde: "Sì, è questo", poi questa persona dice qualcosa del tipo "Ma non capisco. Non è chiaro, non si vede bene", spegne il monitor, si alza e se ne va. È abbastanza bello, è stato visto anche a Parigi, al Beaubourg. È molto... Gino De Dominicis.

Boetti ha fatto un videotape in cui si vedono le sue mani che contemporaneamente scrivono: "Ciò che sempre parla in silenzio è il corpo". Sono proprio opere archeologiche...

Merz ha lavorato con Schum, ha fatto *Lumaca*, bellissimo, uno dei più belli in assoluto.

Pistoletto non ha mai lavorato con me. Eravamo molto amici, se ne parlava, però non è successo. Anche Penone doveva cominciare a lavorare...

Gli artisti che hai prodotto hanno lavorato esclusivamente in video oppure avevano alle spalle un'esperienza di film d'arte, di film sperimentale?
E, se l'avevano, si sentiva questo passaggio?

Gli artisti con i quali ho lavorato non venivano necessariamente dall'immagine in movimento. Poteva succedere che qualcuno avesse sperimentato anche il mezzo filmico. L'unico che lo faceva con un certo rigore era Dennis Oppenheim, che riversava anche in video i suoi film e viceversa. Gli altri... erano artisti. Acconci era un performer... Le sue erano opere molto intimiste, relative fino in fondo al suo lavoro di artista.

Nel tuo studio, oltre alla realizzazione di video, facevi altro?

Ho fatto un'unica installazione, quella di Daniel Buren; era un'installazione immobile, un *environment*, costruito con monitor e videotape. Su un muro a strisce erano state ritagliate le aree di alcuni monitor di diverse dimensioni, queste venivano riprese da una telecamera che rimandava, su dei monitor, delle stesse dimensioni di queste aree, collocati sulla parete di fronte, le strisce della parete. Ogni area sembrava ritagliata direttamente sul monitor. È stata questa l'unica installazione che abbiamo presentato al pubblico*. È venuto anche il Living Theatre, a fare qualcosa. Ma si è trattato di eventi sporadici, perché qui da me né si facevano performance, né le ho mai documentate. Luciano Giaccari faceva questo. I lavori dei miei artisti erano vere e proprie opere. Per esempio, Kounellis ha ideato qui un video che rispondeva ad una concezione retoricamente 'anti-videotape', stupendo: non ci sono né colore né suono né azione. È una lunga sequenza nella quale appare Jannis, con il volto coperto dalla maschera di Apollo ed una lampada ad olio in mano, muto e immobile per mezz'ora, per tutta la durata del nastro. Si capisce che non è uno *still life* perché la sua mano un po' si muove. Ma non è neanche una performance.

La differenza che esiste fra un videotape ed una performance di Kounellis sta nel fatto che il videotape ha un tempo già predestinato, bisogna vederlo tutto. Si tratta di un tempo imposto dalla lunghezza del nastro. Paolini, come Kounellis, ha realizzato con me l'unico suo video, *Unisono*, bellissimo. È cortissimo, dura un minuto, ed in questa breve frazione di tempo si susseguono velocissimamente per tre volte moltissime sue opere, un centinaio circa. Appaiono sovraimpresse e si percepiscono appena, quasi a livello subliminale. Per realizzarlo è stato necessario usare la pellicola. È bellissimo. E non è una performance.

La presenza di video realizzati da un artista come Chia, per esempio, in seguito approdato alla Transavanguardia, fu ipotizzare che il video si ponesse, per molti autori, come una sorta di attraversamento tra concettuale e ritorno alla pittura...

Chia allora non era ancora assolutamente arrivato alla Transavanguardia, era concettuale. Tutti i suoi giochi di parole, "il limo nel limbo", erano di quel periodo. Infatti i video che ha realizzato con me sono tutti sul tempo - le candele -, sulla durata, sulla tautologia. Quindi concettuali.

A proposito del ritorno alla pittura, ricordo una serata a Roma, in casa di Adriana Rabito, in cui Gino De Dominicis, Emilio Prini, e non ricordo più chi altro si misero a dipingere, e Gino mi disse: "Vieni di là, vieni a vedere che si sta dipingendo. Però bisogna farlo di notte, di nascosto". Poi io avevo un treno e andai via... Ma ne abbiamo parlato lungamente, in seguito, io e Gino. Mi pare fosse il '74 e proprio allora Gino De Dominicis aveva ricominciato a dipingere. La pittura che è venuta fuori non è certo una pittura classica, ma risente assolutamente di questo percorso. Magari inizialmente questi artisti si vergognavano, però era uno sfocio logicissimo.

Erano gli artisti ad avvicinarsi ad Art/Tapes/22 oppure intrapendevi tu un'opera di coinvolgimento? Erano incuriositi, interessati alle potenzialità espressive del nuovo mezzo?

Beppe Chiari è stato il primo a registrare un tape con me. È fiorentino, e mi conosceva per la galleria di grafica, ci teneva molto a lavorare con me, nonostante fossimo alle prime armi. Poi a Roma ho incontrato De Dominicis, Prini, Pisani. Gino, che conoscevo già da molto tempo, era entusiasta, ha subito cominciato a propormi cose molto belline, ma improponibili. Per esempio questa: lui ripreso mentre pedala in bicicletta e si volta verso una ragazza, dicendole: "Ti-ri-ti-ri-tu?" e lei: "Ti-ri-ti-ri-ta". Sono lo cose che faceva Gino... Erano tutti molto scettici sull'eventuale partecipazione di Kounellis al mio progetto, e invece poi Jannis è stato il secondo artista a realizzare un video con Art/Tapes/22.

Non c'era comunque una regola fissa: gli artisti venivano a trovarmi, oppure io andavo alle loro mostre, a volte lo chiedevo io, altre me lo chiedevano loro. Avevano certamente voglia di fare un videotape. Credo che quasi nessuno l'abbia fatto tanto per farlo.

Il tuo lavoro ha avuto un riconoscimento al di fuori dell'ambito delle arti visive?

Per chi lavora nel teatro il lavoro di Art/Tapes/22 ha costituito un'esperienza che, scoperta a posteriori, ha interessato molto. Ad esempio i Magazzini mi hanno chiesto delle informazioni su alcuni video, volevano vederli. E poi Quartucci. I video più 'teatrali' prodotti da me - in quanto coordinazione di azioni più suono e movimento - sono quelli di Charlemagne Palestine, di Joan Jonas.

Nam June Paik era pronto a lavorare con me. Venne a Firenze e mi illustrò il progetto: aveva bisogno di tre telecamere. La prima, collocata in via Ricasoli, doveva registrare fino a che un camion non l'avesse schiacciata, la seconda doveva registrare la sua caduta nell'acqua e la terza nel fuoco. Ma io non potevo permettermelo. E lui: "Ma questo è un lavoro che io ti firmo, così potrai venderlo come opera unica: le telecamere rotte". Ma in Italia non era così facile, così non si è fatto niente, senza che lui se ne avesse a male. Comunque era pronto per farlo. Ce ne sono stati altri di De Dominicis, quello della bicicletta, che ricordavo prima, e poi un altro, che è stato lungamente progettato. Ci abbiamo perso dei mesi dietro, Gino venne anche in Maremma, in casa mia, portando con sé dei ragazzi che dovevano interpretarlo. Li chiudeva in una stanza e li spiava da dietro la porta mentre questi dovevano, concentratissimi, predirsi il futuro e indovinarsi il passato l'un l'altro. Ma i ragazzi, spiati da lui, scoppiavano immancabilmente a ridere. E ogni giorno si rimandava a quello seguente, sperando di trovare la situazione adatta per girare. Ma non l'abbiamo mai trovata, non siamo mai riusciti a realizzare questo video. Non so, ci abbiamo impiegato due mesi... ho le fotografie di Gino al mare, in Maremma... Eh sì, sono proprio questi i progetti mancati più clamorosi.

Perché hai chiuso Art/Tapes/22?

Ad un certo punto, quando si è verificato il grosso boom del video, nel '74, con una serie di grandi mostre nei musei europei, la cosa mi ha persino infastidito. Tutte queste manifestazioni sono state concentrate nello spazio dello stesso anno, e poi il fenomeno si è rapidamente esaurito. Perché? Perché hanno cercato di farne una tendenza, un "ismo". Videotapeismo... teppismo. E questo ha irrimediabilmente fatto decantare la situazione, non si è più alimentata la curiosità. Per un po' non si è parlato che di video, è stata come una grande abbuffata, poi, non essendoci mercato, non si sono trovate nemmeno le persone interessate a rilanciare la curiosità. Presto mi è divenuto insostenibile economicamente continuare la produzione nel mio studio ed allora ho dovuto chiudere, vendere i macchinari. Ma, piuttosto che disperdere tutto questo patrimonio, invece di dare ad ogni artista la propria matrice, ho cercato disperatamente un luogo, un'istituzione a cui affidare complessivamente la produzione Art/ Tapes/22, come raccolta. E chi ha risposto è stata la Biennale. Era il momento in cui Ripa di Meana aveva ottenuto la presidenza della Biennale, un momento di grande fervore, in cui tutto sembrava accendersi e la Biennale diventare una specie di Centre Pompidou. L'archivio era nuovo a Ca' Corner, appena inaugurato, quindi mi sembrava la scelta migliore. Ho anche lavorato lì per due anni, ho dato vita ad un'iniziativa che doveva avere uno sviluppo nel tempo ed invece si è arrestata. Un lungo discorso sul video: due mesi di preparazione, l'intervento di McLuhan, che ha aperto il ciclo, che però si è poi dovuto interrompere. Ho regalato i miei videotape alla Biennale ottenendo in cambio un piccolo risarcimento, il prezzo del puro nastro. C'erano anche lavori che ho ceduto e che non erano stati prodotti da me, ma che io distribuivo, per i quali non ho chiesto nessun risarcimento. Fra questi c'era anche il tape del film *Anémic Cinéma* di Duchamp, del quale avevo ottenuto dall'Atelier Duchamp i diritti di distribuzione, perché andasse nelle scuole, nelle università. Ne ho ceduto uno tratto da un film di Hans Richter, ma non mi sembra che siano stati utilizzati molto dall'Archivio Storico della Biennale.

Bill Viola è stato per un certo periodo il direttore tecnico di Art/Tapes/22. Collaborava soltanto alla produzione dei lavori di altri artisti oppure è riuscito a realizzarne anche di suoi?

Bill Viola è stato per due anni e mezzo da me, dal 1974 al 1976. Era molto amico di David Ross, direttore del Long Beach Museum. A quei tempi era alla Syracuse University, nel settore delegato al video, e promuoveva tutte le prime operazioni video che in America si andavano compiendo. Ha lavorato anche alla Kitchen. Quando perciò andai a New York, Ross mi consigliò e mi affidò come operatore video questa sua mano destra. Bill Viola è stato operatore video e direttore del settore tecnico di Art/Tapes/22. Ha collaborato quindi alla produzione di opere di altri artisti e nello stesso tempo aveva anche la possibilità di realizzarne di proprie. Era giovanissimo. Ricordo che quando voleva isolarsi - ma questo non era possibile completamente, perché avevamo poco spazio e c'era sempre molta confusione - si infilava due palline nelle orbite degli occhi, le cuffie sulle orecchie, e di metteva in meditazione. Ho una sua fotografia così, ed è incredibile...Anche oggi è molto bravo. È l'esponente di tutta quella fascia del video che in Europa non si chiamerebbe d'artista.

I suoi videotape sono splendidi antropologicamente, sono fatti professionalmente molto bene, sa usare benissimo il colore, il synthetizer, è un musicista di valore, però i suoi sono lavori che sono nati per essere videotape. Non c'è alcun dubbio. Ha lavorato a dei video bellissimi, e si sente che è un artista video, che è nato specificatamente con il video.

Quando ho iniziato a produrre video di artisti non mi sono rivolta essenzialmente a chi faceva del linguaggio video il suo campo specifico e preferenziale di espressione. Nel campo delle arti visive (e allora avevamo piena fioritura della performance art) non ho mai distinto il video-artista dall'artista tout-court che sperimenta diversi linguaggi e tecniche. Non ho mai operato questa distinzione. Non credo nell'artista video, credo nell'artista che per caso fa un videotape, e questo fa parte del suo lavoro, è uno dei suoi lavori. Come Kounellis, che ha realizzato con me un solo videotape, oppure Paolini, che nei suoi cataloghi inserisce il video prodotto da me, *Unisono*, insieme ad altre sue opere, senza specificare che si tratta di un'opera video, allo stesso modo per cui le altre opere non vengono precisati la tecnica e i materiali usati, ma vengono citati solo titolo e data.

Vediamo però di capire meglio se si è trattato soltanto di una curiosità, oppure se la ricerca di nuovi materiali, di nuovi linguaggi sottintendesse motivazioni più profonde.

Io credo che per questi artisti, come Paolini, per i quali creare un videotape voleva dire lavorare ad una propria opera, abbia significato l'adozione di un mezzo piuttosto che un altro. Probabilmente per altri può essere stata solo una curiosità, e non una necessità. Una necessità è l'aver bisogno di fare assolutamente qualcosa. Ma il mezzo è un mezzo, non è un linguaggio, non deve condizionare...

In Italia sembra che le nuove idee si manifestino prima che altrove, ma periscano ancor prima di attecchire. In America invece il fenomeno del video ha avuto una continuità che prosegue fino ad oggi. Quali sono le cause di questo diverso approccio al video in Italia e in America?

In America il mezzo è il linguaggio, non c'è dubbio. A partire da Nam June Paik, con *Global Groove* e le sue ricerche sul synthetizer. Per continuare poi con i Vasulka e tutti quei gruppi che mi sono stati così antipatici, ma dei quali avevo i tape in distribuzione, che basavano le loro ricerche sugli effetti di colore: astrazioni, immagini sfocate e poi, girando una manovella, cambiava tutto, come se ancora si cercasse di 'épater' non dico 'les bourgeois' ma quasi. Trovavo tutto questo molto ingenuo, molto vecchio, mi ricordava *Fantasia* di Walt Disney. Come se il messaggio fosse il colore! Ma allora, girando la manovella e cambiando il colore, cambia il messaggio! Ecco, per questi artisti era chiaro che il mezzo era assolutamente il linguaggio. Per gli artisti con i quali ho lavorato io, anche gli americani, non era così, tranne per Douglas Davis, come appunto rilevavo prima, o Willoughby Sharp. In Europa il mezzo viene utilizzato come tale, non è mai il linguaggio. Non mi sono mai stancata di ripetere questo nelle conferenze e nelle lezioni che sono stata chiamata allora a tenere negli Stati Uniti, in Canada, in Germania, in Austria. Ne ho anche scritto. E così anche la perfezione tecnica in Europa non era perseguita come in America, in quanto è ritenuta parte indissolubile del messaggio che l'artista vuole dare. L'opera può allora scaturire solo dalla cooperazione perfetta tra artista e tecnico, ma l'artista deve comunque conoscere molto bene il mezzo, quindi deve essere un artista video, altrimenti il lavoro non sarà più suo, ma del tecnico che gli suggerisce i dati operativi. E questo in Italia, ma per certi versi anche in Europa, non potrà mai accadere sia perché ci sono un tipo di cultura e una disposizione d'animo per cui la tecnica viene semmai usata per essere capovolta (come fa ad esempio Tinguely), sia perché, nella pratica, agli artisti vengono offerte pochissime occasioni per confrontarsi e lavorare con i mezzi video, che al contrario in America sono a disposizione nei musei e nelle università. E quindi i videotape di artisti italiani ed europei ogni volta finiscono per essere delle vere 'avventure', uniche ed irripetibili esperienze.

Molto critico. A volte ho avuto anche dei problemi, perché secondo alcuni artisti lavoravo troppo con gli americani. Però ho sempre lavorato con artisti americani che usavano il video come mezzo. Vito Acconci registrava da solo i suoi videotape, con la camera fissa sistemata all'interno dell'affascinante e disordinatissimo loft che abitava. Lavori bellissimi, joyceiani, intimisti, addirittura alcuni finiscono perché finisce il nastro, volutamente. Quindi al limite potrebbero continuare... Molto più belli di qualsiasi video che si regga sugli effetti di colore. Acconci usava il videotape come uno strumento, riportandolo a se stesso, alle proprie capacità. Anche gli artisti italiani lo usavano così, senza preoccuparsi troppo degli aspetti tecnici. Però qui da me venivano anche artisti che erano profondi conoscitori del mezzo, come Allan Kaprow, e c'erano poi Bill Viola ed altri ragazzi in gambissima. Si parlava di sofisticare il mezzo tecnologico, ed erano ricerche molto interessanti. Tuttavia, se devo essere sincera, debbo dire che sono contenta di aver collaborato alla realizzazione di questi lavori d'artista e il fatto che fossero in forma di videotape ha avuto per me un'importanza relativa.

Quale era il contesto della critica e delle gallerie su questo fenomeno in quegli anni?

In Italia era zero. Germano Celant ha seguito attentamente la prima ricerca video e l'attività di Art/Tapes/22. In *Offmedia* documenta diffusamente gli avvenimenti video americani e quelli di Gerry Schum, si riferisce ad un momento in cui io non avevo ancora iniziato la mia produzione, anche se nel libro compaiono molte foto tratte dai miei videotape. Quando lavoravo alla Biennale c'era anche Celant, come 'arti visive', e progettavamo di realizzare una rivista di video. Mi ha sempre seguito molto...

E poi Achille Bonito Oliva, che organizzava gli *Incontri internazionali d'arte* di Palazzo Taverna a Roma, con Graziella Lonardi, con cui ho collaborato. Poi Barilli a Bologna nel 1970, con *Gennaio '70*, ha organizzato delle performance, che venivano registrate in video, e furono in seguito cancellate. C'erano Pistoletto, che fece *L'uomo nero*, Merz. Era la prima volta in Italia. E poi c'era Arturo Carlo Quintavalle, che si è occupato intensamente di mezzi multimediali, ma forse con minore soddisfazione per chi lo seguiva... E Paolo Cardazzo, un appassionato, una collezione ricchissima, dei videotape molto belli... A Milano c'era una galleria, la De Angeli Frua, che progammava videotape e, sempre in questa città, Tommaso Trini organizzò una grande mostra alla Rotonda della Besana. *Casabella* dedicò un numero all'arte video... Ecco, era questa la situazione in Italia in quegli anni.

aprile 1988

* A proposito di questo lavoro abbiamo ritrovato, fra le carte di Art/Tapes/22, conservate all'Asac, un'intervista di Tommaso Trini a Daniel Buren (25 novembre 1974):

"Questo video-allestimento, se vogliamo adottare un termine italiano, era già stato progettato nel '72 per la videogalleria di Gerry Schum, uno dei pionieri tedeschi del rapporto video-arte, ma in seguito alla scomparsa prematura di Gerry Schum non fu mai realizzato.

Sono stato uno dei primi artisti che ha collaborato con Gerry Schum per una trasmissione 'manifesto' fatta con una serie di lavori, da lui realizzati nel '71, *Identifications*, che venne trasmessa per la televisione e fatta circolare in numerosi musei fino alla Biennale di Venezia, etc. Con lui stavo anche programmando un certo numero di video-tape specifici sull'uso e la critica del medium, cioè al meccanismo dei video. Purtroppo questa serie è stata interrotta a causa della morte di Schum. Per questo allestimento video ho utilizzato il mio materiale abituale, che consiste nel fare una pittura impersonale, anonima e organizzata in bande bianche e a colori, ho posto sette telecamere di fronte a questa mia pittura, collegate a sette monitor.

Considero quindi l'utilizzazione di queste sette telecamere come un quadro, una cornice operativo-culturale, che mi permette di porre in discussione i limiti di ogni operazione pittorica - cosa che ho già fatto ampiamente in tutti questi anni. Questa stessa operazione viene ora vista frammentando lo spazio della pittura in sette quadri diversi che corrispondono a sette televisori che hanno grandezze differenti.

Ho introdotto fra le altre la telecamera a colori. Notiamo che nei sei televisori in bianco e nero non c'è mai lo stesso tono di bianco e nero, ci sono gradazioni diversissime. Quindi si presume che ciò debba avvenire anche con il colore che, tuttavia, non è assolutamente riportabile a quello effettivo che noi abbiamo sulla parete.

Perché si capisca lo scopo del lavoro bisogna chiarire che non c'è nessuna registrazione, che la trasmissione è assolutamente simultanea e quindi la dimostrazione critica del rapporto fra l'opera e la sua trasmissione attraverso il monitor è fatta al di fuori di qualsiasi tipo di manipolazione".

I video di Art/Tapes/22
a cura di Alessandra Cigala

Gran parte dei video descritti è stata presentata alla mostra itinerante *Americans in Florence: Europeans in Florence*, organizzata dal Long Beach Museum of Art, in California, nel 1974. Il catalogo, con bellissime fotografie di John Baldessari, Nino Longobardi e Gianni Melotti, è stato pubblicato dal Centro Di di Firenze nel 1974. Alla mostra erano presenti le opere video dei seguenti artisti: Vito Acconci, John Baldessari, Joseph Beuys, Daniel Buren, Pierpaolo Calzolari, Giuseppe Chiari, Frank Gillette, Joan Jonas, Allan Kaprow, Jannis Kounellis, Alvin Lucier, Urs Lüthi, Jean Otth, Charlemagne Palestine, Giulio Paolini, Alberto Pirelli, Bill Viola.

Joseph Beuys
(Krefeld, Germania, 1921 - Düsseldorf, 1986)
Vitex Agnus Castus, 1972
col.; non son.; 15'
tecnici di registrazione: Andrea Gorgi, William (Bill) Viola - in collaborazione con Modern Art Agency, Napoli - con Joseph Beuys

Vitex Agnus Castus è un videotape ricavato da un filmato che aveva ripreso la performance di Beuys *Arena*, cineoperatore Nino Longobardi, nel giugno del 1972.
"... Beuys fece un'azione nel giugno 1972 alla Modern Art Agency di Napoli. Disteso supino sul pavimento della galleria, con una pianta dal nome alchemico 'Vitex Agnus Castus' legata sulla testa, Beuys, per circa tre ore, ha passato la mano destra unta di olio sulle piastre di rame della scultura (il conduttore), fino a far vibrare il proprio corpo caricatosi di energia come un corpo percorso da corrente elettrica. la sua frase più ricorrente è: "Io sono un trasmettitore, io emano!".
(Lucio Amelio, 1974)

Ketty La Rocca
(La Spezia, 1938 - Firenze, 1975)
Appendice per una supplica, 1972
b/n; son.; 10' - con Ketty La Rocca

Azione contrappuntata da iscrizioni numeriche. Un gioco fatto con le mani, i loro movimenti scrutati ed enfatizzati dalla telecamera. Ketty La Rocca, artista body, anche in video lavora con il corpo.

Vito Acconci
(Bronx, New York, 1940 - New York, 2017)
Home movies, 1973
b/n; son.; 30' - produzione: Art/Tapes/22, Firenze - in collaborazione con Castelli-Sonnabend videofilms, Corp. - con Vito Acconci

Una confessione del tutto privata davanti allo schermo. Acconci, seduto di spalle alla telecamera, guarda e commenta una serie di diapositive che lo portano a rievocare un suo amore passato e la vita con una donna immaginaria. Scorrono a velocità diversa le immagini, a volte appena percettibili, di

luoghi, persone, corpi a lui familiari, lettere,
il suo corpo nudo; un album di famiglia.
Il parlato, che è la parte più importante
del video, è costituito da due discorsi
simmetrici: uno rivolto allo spettatore, a
colui che lo guarda, e l'altro, che interviene
a interrompere e a inserirsi nel primo, a una
donna, come un flusso mentale.
"Io sto seduto dando la schiena allo
schermo. È buio. Guardo le diapositive,
immagini di frammenti del passato, in ordine
cronologico dal 1967. Accompagno con una
brevissima descrizione ogni immagine che
compare.
Ogni tanto mi giro di lato come se parlassi
con qualcuno che è tra me e lo spettatore:
'Ma lo sai che cosa succedeva - tu c'eri -
potresti illustrare tu queste diapositive - sai
come ho fatto in "un'opera" quello che ci
accadeva'.
Di tanto in tanto mi frappongo fra le
diapositive e lo spettatore e mi rivolgo verso
di lui, pronunciando frasi generiche.
Non mi interessa la rappresentazione
in sé, mi interessano piuttosto il luogo e
le condizioni in cui la rappresentazione
avviene - qualcosa di non troppo vincolato,
di abbastanza sfuggente, un po' come dire
un'azione all'infinito o al congiuntivo - ad
esempio, io parlo di nuovo a un 'tu' fuori
dallo schermo: 'Noi siamo il passato, siamo
semplicemente una struttura, non siamo
più reali'.
Altri eventi parlati: linguaggio come medium
per complicare le cose ('potrei dire che ti
odio, che anche tu mi odi, che ci odiamo
reciprocamente').

L'artista, come il guerrigliero, si sposta
continuamente ('te ne dovresti andare, così
non ci daremo reciprocamente fastidio').
Autobiografia non come rivelazione ma
come una dichiarazione in un gioco di carte;
la storia come etichetta per la mia immagine
('tu dovresti morire, così non ci sarebbe più
un passato da dover nascondere').
La galleria come comodo luogo di ritrovo:
io non faccio altro che estendere un
mondo in cui dominano la moda e la
proprietà ('io vorrei essere morto, questo
semplificherebbe le cose'). Nuove direttive
per me, qualcosa che sia maggiormente
rivolto al sociale, al politico. 'Tu dovresti
innamorarti di qualcun altro, così ti
staccheresti definitivamente da me, e allora
io avrei qualcun altro con cui prendermela,
odierei il tuo nuovo amante!"
(Vito Acconci, 1973)

Theme Song, 1973
b/n; son.; 30'
produzione: Art/Tapes/22, Firenze
operatori: Carmine Fornari, Alberto Pirelli
collaboratore tecnico: Raffaele Corazzieri
in collaborazione con Castelli-Sonnabend
videofilms, Corp. - con Vito Acconci

Un corteggiamento, molto intimo, a una
donna immaginaria. Il volto di Vito Acconci
in primo piano, disteso frontalmente alla
telecamera, laterale, obliquo, leggermente
deformato. Canticchia su una base
musicale registrata; 'I need you... come
here... I can see your face in my mind...
your body can be here...'. Ecco come
Vito Acconci si rivolge all'ipotetica donna
fantasma, possibile spettatrice televisiva:

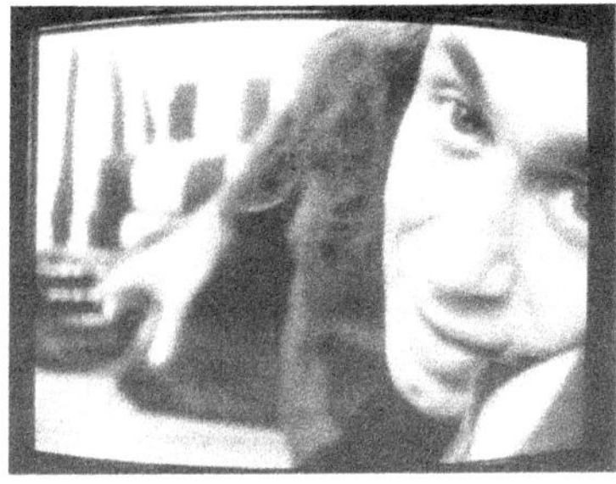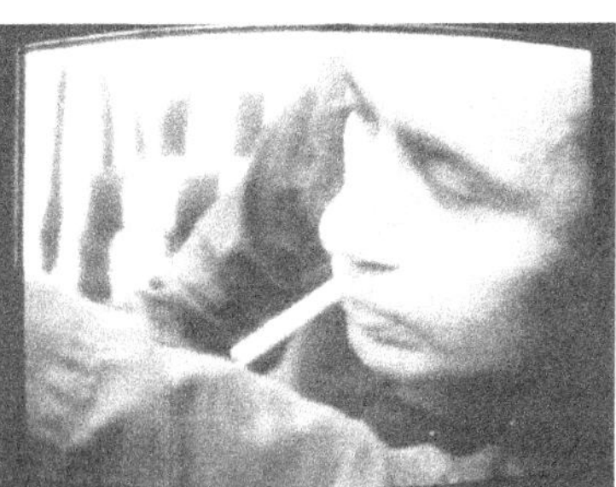

"1. Se la TV è troppo piccola come
paesaggio, devo apparirti in primo piano.
2. Ma, se mi trovo faccia a faccia con
te, ti sarà troppo facile tenermi fronte e
screditarmi. 3. Così, devo essere subdolo,
mi avvicinerò a te dal basso: porterò le
gambe fuori dallo schermo fino alla tua
parte, quando tu non starai guardando: ti
porterò giù al mio livello.
1. Se ti sono così vicino non puoi vedermi
chiaramente, la mia immagine si è
deformata per parlarti meglio. 2. Ma, se ti
parlassi in modo diretto, ti darei la possibilità
di dissuadermi. 3. Allora ti farò ascoltare
della musica, cullandoti con una canzone;
così che tu non possa renderti conto se ho
cantato a lungo, se ho cantato nella mia
mente una canzone.
1. Poiché non mi è possibile vederti lì, di
fronte a me, devo ricostruirti. 2. Ma, una
volta che avrai preso forma, non ci sarà
per noi nessun luogo dove andare: non ho
aumentato la mia tecnologia, tu non puoi
rispondermi. 3. Così devo lasciarti andare,
lasciar finire la nostra relazione - Chi può
fermarmi se dico che sei tu che la fai finire?
- Dopo tutto, sono solo, torno indietro dove
ho iniziato prima".
(Vito Acconci, 1974)

Vincenzo Agnetti
(Milano, 1926 - Milano,1982)
Documentario no. 2, 1973
b/n; son.; 8' - produzione: Art/Tapes/22,
Firenze - tecnici di registrazione: Carmine
Fornari, Alberto Pirelli - con Vincenzo
Agnetti

La videoregistrazione utilizzata come
strumento interlinguistico. Facendo vedere
alcuni lavori nel suo studio, Agnetti fa
corrispondere a una serie di numeri la
lettura del suo *Amleto politico*.
"In questo nastro l'azzeramento avviene
isolando le immagini dalla descrizione
dell'ambiente filmato... A sua volta poi il
nastro si sviluppa con una descrizione
puramente fonologica... Le parole,
private del loro significato, sono sostituite
con dei numeri... Nella misura in cui
la parola scompare il numero che la
sostituisce diventa un semplice supporto di
intonazione..."
(Vincenzo Agnetti)

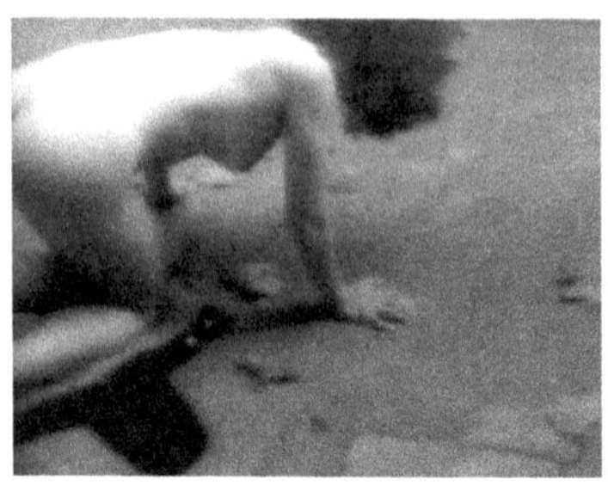

Simone Forti

(Firenze, 1935)
No title, 1973
b/n; son.; 29' - produzione: Art/Tapes/22,
Firenze - con Simone Forti

Simone Forti è un artista della danza,
recupera attraverso gesti e atteggiamenti
primari un ritmo biologico e naturale.
Questo video è stato registrato allo zoo di
Parigi. Qui, come in altri suoi lavori, Simone
Forti, nuda, ripete le movenze degli animali
su cui si sofferma la telecamera.
Una performance quasi danzata.

Allan Kaprow

(Atlantic City, 1927 - Encinitas, 2006)
Then, 1973
b/n; son.; 25' - produzione: Art/Tapes/22,
Firenze - tecnici di registrazione: Raffaele
Corazzieri, Alberto Pirelli - in collaborazione
con la galleria Multipla, Milano - con Allan
Kaprow

"*Then* ha a che fare con lo scorrere del
tempo. Si vede qualcosa cambiare molto
lentamente, un cubetto di ghiaccio che si
scioglie in bocca oppure per il calore di una
lampadina elettrica. Ha a che fare, altresì,
con le relazioni possibili che le esperienze
di calore, freddo, luce e la parola parlata
hanno con il nostro senso qualitativo del
tempo: il sentire una cosa più lentamente o
più velocemente, per esempio.
Le parole nelle forme di semplici domande e
risposte su cose, in ogni caso, visualmente
evidenti per se stesse, sono volutamente
ridondanti, per riportare in un medium quello
che sta accadendo in un altro. Tali domande
e risposte a volte suonano come non
conseguenti: per esempio, 'È caldo?' 'No,
è umido'. Ma questi sono solo spostamenti
di accento verso un altro aspetto di ciò
che sta accadendo. Infine, c'è gioco sul
convenzionale simbolismo maschile-
femminile di 'ghiaccio', 'calore' e 'luce'.
Questi simboli sono anche legati al tempo".
(Allan Kaprow, 1974)

Jannis Kounellis

(Pireo, Atene, 1936 - Roma, 2017)
No title, 1973
b/n; non son.; 25' - produzione: Art/
Tapes/22, Firenze - con Jannis Kounellis

"Kounellis ha esaminato in modo minuzioso
la struttura profonda dell'arte, i suoi
rapporti con l'oggettività quotidiana e con
le stratificazioni della memoria collettiva.
In questo nastro contrappone il tempo
mitologico della maschera del dio greco al
'tempo reale', cronologico, della macchina
elettronica attraverso la mediazione della
luce della lampada a petrolio che rimanda
ad una condizione primitiva dell'essere".
(Fulvio Salvadori, 1977)

"È necessario avere un medium per fare un videotape, o il videotape è il medium. Tutto ciò che viene trasmesso è un'immagine compressa (un dipinto di Mondrian).
La nostra immaginazione crea immagini, o le immagini rappresentano interessi comuni. Per l'uomo creativo, l'artista, la moralità è uno scandalo. L'immagine morale (da sempre) è uno scandalo.
Eppure io stesso non desidero nasconderti il mio passato giacobino, nonostante il fatto che oggi, dopo lungo lavoro e conoscenza, io ho capito il significato di quello che Rimbaud intende per libertà libera. La vitalità rivoluzionaria di un'immagine immaginaria".
(Jannis Kounellis, 1974)

Charlemagne Palestine

(New York, 1945)
Body Music 1, 1973
b/n; son.; 12' - produzione. Art/Tapes/22, Firenze - tecnici di registrazione: Carmine Fornari, Alberto Pirelli - operatore: Raffaele Corazzieri - in collaborazione con Castelli-Sonnabend videofilm, Corp. - con Charlemagne Palestine

Body Music 2, 1974
b/n; son., 8'
produzione: Art/Tapes/22, Firenze
in collaborazione con Castelli-Sonnabend videofilms, Corp.
con Charlemagne Palestine

"Queste opere (*Body Music 1 e 2*) mostrano il rapporto tra il corpo e la voce umana nella loro relazione con gli elementi psicologici e fisiologici nell'uomo e nell'ambiente esterno. *Body Music 1* è uno sguardo oggettivo all'interno del campo soggettivo; *Body Music 2* è uno sguardo soggettivo all'interno dell'ambiente oggettivo".
(Charlemagne Palestine, 1974)
Charlemagne Palestine indaga sui rapporti tra corpo e spazio attraverso il suono.
Body Music 1 è una performance in un interno. Palestine inizia un canto monodico, inginocchiato sul pavimento, e poi, vibrando con tutto il corpo e ritmando con movimenti delle gambe e delle braccia, in un crescendo parossistico, dopo una corsa cieca, sbattendo contro le pareti, si getta a terra sfinito, placandosi del tutto.
In *Body Music 2* Palestine attraversa le stanze della villa di Artemino (vicino a Firenze), reggendo davanti a sé la telecamera che registra in soggettiva. Dapprima cammina, poi corre sempre più forte, modulando con la bocca un canto monodico a inizio lento e poi sempre più affannoso e frenetico, fino a cadere esausto e in silenzio.

Bill Viola

(New York, 1951)
A series, 1973-74
b/n e col.; son.; 25'

"L'immagine video sta cambiando rapidamente - è così dinamica che è diventata la cosa più facilmente percepita dai nostri occhi/cervello. Questo sovraccarico di informazioni è parte delle ragioni per cui molto del lavoro video si sofferma prevalentemente su scene fisse o su eventi o tempi quotidiani - accolti solitamente come tediosi. Penso che la scelta degli artisti di usare il mezzo in questo modo sia in primo luogo il tentativo (consapevole o inconsapevole) di cercare di arrestare l'alta velocità del flusso dati. Esso è facilmente manipolabile, così diventa più ovvio trattare immagini a basso contenuto per cercare di alleviare alcuni di questi impulsi.

Dopo aver vissuto così a lungo sotto il sole la gente gradisce una sorgente di luce che si possa osservare direttamente senza che leda loro gli occhi. Ma tale sottile gradimento stanca presto quando realizzano che guardare un video è cosa difficile, oltre che ardua da interpretare. (E a voler ben guardare, la gente usa la televisione per andare a dormire).

Base di questo comune reclamo è che molti di questi video sono materia difficile, perché già l'azione di percepire l'immagine televisiva è francamente faticosa. Lo hanno testimoniato le ore del Watergate o gli allunaggi. In televisione non funziona l'esposizione del tempo quotidiano nel ritmo in cui noi lo viviamo. È troppo lento. Un articolo del *New York Times*, dell'1/9/1974, di Dick Adler, parla del sistema di valutazione Neilson per determinare quali programmi sono maggiormente visti in televisione. In esso egli menziona l'uso del C.R.D. (Continuos Receiver On), meccanismo che consente ai computer Neilson di scoprire una persona che intenzionalmente cerca di aumentare l'indice di ascolto di una stazione (lasciando il suo set in funzione tutto il tempo). In tale periodo di tempo (un set è stato scoperto in funzione per 24 ore) il C.R.D. fa interrompere automaticamente quel set dal computer Neilson e segnala all'agente locale di andare a fare visita al padrone di casa. Almeno una persona morta è stata scoperta in questo modo. La definizione clinica di morte può ora essere estesa fino a includere persone che hanno il loro televisore acceso per più di 24 ore. Per cui scopriamo che non è difficile all'inizio stare seduti a guardare una gran quantità di materiale video che scorre, ma alla fine può anche dimostrarsi letale.

Penso che il solo modo per aggirare alcuni di questi problemi è di intercettare l'alta velocità del flusso dati del video e in qualche modo (diretto o indiretto) imparare a controllarlo. Le quattro parti che comprendono *A series* vanno in questa direzione. Una interrompe fisicamente il processo di 'scanning', una seconda rivela soltanto i campi video in isolamento, un'altra presenta un'azione rapida e semplice in alta definizione e l'ultima comprime sei spazi di tempo in un evento che capita in uno stesso spazio".

(Bill Viola, 1974)

Red Tape. Collected works (1-6), 1975

1. *Playing Soul Music to My Freckles, So They Won't Get Lonely*
produzione: Inter-Media Art Center, Inc. con il parziale sostegno del N.Y. State Council on the Arts - con Bill Viola

Il dispositivo tecnologico entra nel corpo: un altoparlante vibra sulla schiena lentigginosa di Bill Viola, aperto come un orecchio, al suono di una musichetta soul.

2. *A Non-Dairy Creamer*
produzione: Inter-Media Art Center, Inc. con il parziale sostegno del N.Y. State Council on the Arts - con Bill Viola

L'ingrandimento e l'amplificazione di eventi quotidiani: una tazzina di caffè sorseggiata lentamente, l'immagine di sé e della telecamera riflesse nel liquido nero finché, con un ultimo sorso, non vengono bevute e scompaiono. Il sonoro, attento come un sismografo, registra ogni minima variazione: il deglutire, il succhiare, l'affettare il pane, l'ansimare.

3. *Preventive Measures*
coproduzione ZBS Media, Inc. - Inter-Media Art Center, Inc.
con il parziale sostegno del N.Y. State Council on the Arts - con Bill Viola

Una strada di campagna, una figura che avanza correndo dal fondo. Cambia l'inquadratura e la figura si avvicina, è Bill Viola, corre, taglia il traguardo e, come una farfalla impazzita, sbatte contro la telecamera, stramazzando al suolo stordito.

4. *The Semi-Circular Canals*
coproduzione: ZBS Media, Inc. - Inter-Media Art Center, Inc.
con il parziale sostegno del N.Y. State Council on the Arts - con Bill Viola

L'immagine di Viola, inquadrato a mezzobusto e a torso nudo, gira in tondo, dondola, si inclina, si arresta, come fosse su una giostra, su uno sfondo campestre, tra abbaiare di cani e canti di uccelli. Il paesaggio appare e scompare, a diverse velocità, il perno su cui ruota con ritmo altalenante è l'immagine fissa e imperturbabile dell'artista.

5. *A Million Other Things*
coproduzione: ZBS Media, Inc. - Inter-Media Art Center, Inc. con il parziale sostegno del N.Y. State Council on the Arts - con Bill Viola

Un paesaggio lacustre, una casetta, inquadrati a intermittenza alle diverse luci del giorno. Una figurina umana si illumina al buio. Il trascorrere del tempo, dapprima scandito con regolarità, si fa sempre più veloce, ad intervalli appena percettibili.

6. *Return*
produzione: Inter-Media Art Center, Inc. con il parziale sostegno del N.Y. State Council on the Arts
con Bill Viola

Immerso in un esterno, tra i cespugli, Bill Viola regge in mano una campana. La suona, ripetutamente, avanzando ogni volta di poco e ritornando indietro di altrettanto poco dopo aver battuto ogni colpo, come se la forza del colpo dato lo sospingesse indietro in misura proporzionale al suo graduale avvicinarsi alla telecamera.

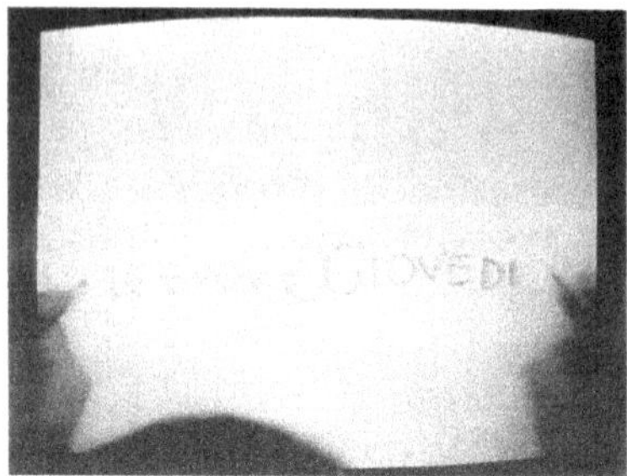 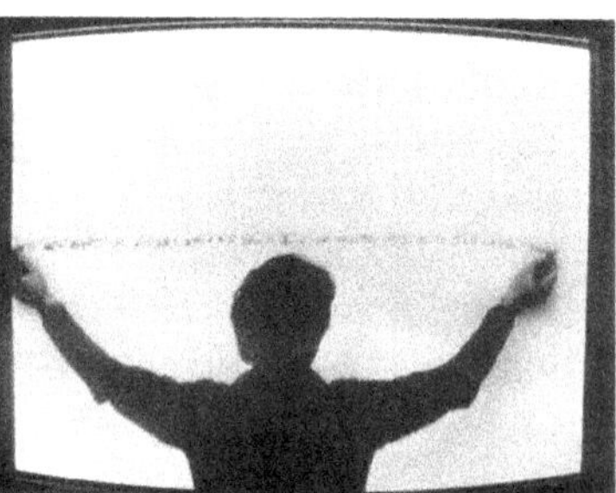

Alighiero Boetti

(Torino, 1940 - Roma, 1994)
Ciò che sempre parla in silenzio è il corpo,
1974
b/n; non son.; 2' - produzione: Art/Tapes/22,
Firenze - tecnico di registrazione: Andrea
Giorgi - con Alighiero Boetti

Il corpo è qui, ancora una volta, evocato ed
usato come mezzo espressivo dall'artista.
Boetti scrive, partendo dal centro
dell'immagine, contemporaneamente con
la mano destra e con la mano sinistra
la frase del titolo, fino a che le sue
braccia si estendono orizzontalmente ad
occupare l'intero schermo. Le due scritte si
specchiano l'una nell'altra.
"Gli italiani scrivono da sinistra a destra,
ma in Afghanistan, che è come se fosse la
seconda patria di Boetti, le persone scrivono
da destra a sinistra. Boetti in questo lavoro
ha trovato una forma attraverso la quale
far riflettere gli usi di culture differenti, non
come un'osservazione passiva, ma come
impegno attivo..."
(Dorine Mignot, 1980)

Giuseppe Chiari

(Firenze, 1926 - Firenze, 2007)
Il suono, 1974
b/n; son.; 14'
produzione Art/Tapes/22, Firenze - tecnico
di registrazione: Andrea Giorgi - con
Giuseppe Chiari

"Musicista Fluxus e artista concettuale,
Chiari usa il mezzo televisivo come uno
strumento musicale e il pianoforte come
mezzo visivo".
(Tommaso Trini, 1975)
"Chiari 'suona' la telecamera usando le
seguenti combinazioni:
registrazione del suono: spento/acceso;
registrazione dell'immagine: spento/acceso;
direzione giusta;
direzione sbagliata.
Abbiamo otto situazioni / in queste otto
situazioni la performance è libera ed
eseguita personalmente dall'autore".
(Giuseppe Chiari, 1974)

Douglas Davis

(Washington, 1938 - New York, 2014)
*The Florence Tapes: Clothing, Walking,
Lifting, Learning*, 1974
b/n; son.; 22' - produzione: Art/Tapes/11,
Firenze - con Douglas Davis

È un video che istruisce sulle possibilità di
comunicazione del mezzo televisivo. Infatti
impartisce deliberatamente delle direttive
a colui che guarda, invitandolo ad imitarlo:
"metti le tue mani contro le mie, attraverso
lo schermo, spingendo verso di me". E
contemporaneamente, con mani e piedi,
Davis aderisce illusivamente alla superficie
interna del monitor. In realtà Davis sta prima
sopra una lastra di vetro e la telecamera lo
riprende dal basso, e poi sotto il vetro e la
telecamera lo riprende dall'alto. L'effetto che
se ne ricava è, nel primo caso, di contatto
e, nel secondo, di spinta per fuoriuscire
dallo schermo, come se il corpo fosse
veramente nella scatola televisiva. L'invito
rivolto allo spettatore è di fare combaciare
le proprie membra con quelle dell'artista,
in un tentativo di contatto fisico, salvo
l'interposizione del vetro del monitor.
Davis ha partecipato con questo video
insieme a Nam June Paik e Joseph Beuys
alla prima trasmissione di una performance
artistica via satellite in tutto il mondo da
Kassel, in Germania, il 24 giugno 1977.

Testo verbale del video

I
This is the time for you and I to give up
our clothes and throw them against the
television screen. Together you and I, one
by one, like this, you throwing from your
side and I from mine.

What have we both done?

II
Please walk with me on the television
screen. First, put your feet against mine,
through the screen, touching our toes.

Who is up and who is down?

III
Please hold up your television screen, with
me. Put your hands against mine, through
the screen, pressing against me.

Do you feel the weight?
Is this an illusion?

IV
Please put your clothes on again, with me
one by one.

We must leave each other now.
We must leave the television set and this
room.

Where have we both gone?

I

È tempo per te e per me di toglierci i vestiti
e gettarli contro lo schermo del televisore.
Insieme tu ed io, uno per uno, così tu
gettandoli dalla tua parte, ed io dalla mia.

Che cosa abbiamo fatto noi due?

II

Per favore cammina con me sullo schermo
del televisore.
Prima metti i tuoi piedi contro i miei,
attraverso lo schermo, toccando le nostre
dita dei piedi.

Chi è su e chi è giù?

III

Ora alza il tuo schermo, insieme a me.
Metti le tue mani contro le mie, attraverso lo
schermo, spingendo verso di me.

Senti il peso?
È un'illusione questa?

IV

Ora rimettiti i vestiti di nuovo, con me, uno
per uno.

Ci dobbiamo lasciare ora, dobbiamo
lasciare il televisore e questa stanza.

Dove siamo andati noi due?

Gino De Dominicis
(Ancona, 1947 - Roma, 1998)
Videotape, 1974
b/n; son.; 4' - produzione: Art/Tapes/22,
Firenze - tecnico di registrazione: Andrea
Giorgi

Una donna seduta di fronte alla telecamera.
Propone ad una voce fuori campo - quella
dell'artista - quale videotape vuole
vedere. La risposta è: "Il videotape di De
Dominicis". Lei è sempre seduta e guarda
la telecamera, chiede: "Ma è questo il
videotape di De Dominicis?". La voce fuori
campo: "Sì". Lei guarda ancora e poi: "
Sono seduta e guardo me stessa. Voglio
che voi mi guardiate". Dopo un po' si alza
ed esce dal campo visivo. Rimane la sedia
vuota.
Operazione concettuale di De Dominicis.
Lo spettatore del videotape guarda la
spettartice dello stesso. Un gioco di specchi,
lo schermo televisivo come specchio. Una
riflessione spiazzante sul mezzo e sulla
comunicazione.

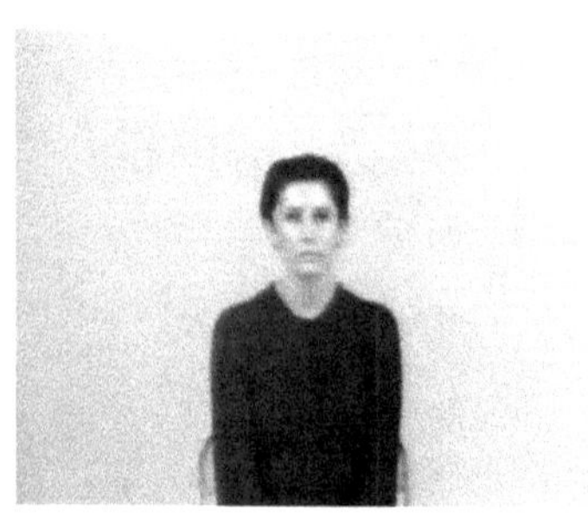

Terry Fox
(Seattle 1943 – Cologne 2008)
Children Tape (a selection), 1974
b/n; son.; 30' - produzione: Art/Tapes/22

Il video come lente di ingrandimento.
In brevi porzioni di tempo accadono eventi
minimi, ma conclusi. Piccoli avvenimenti
che sfuggono alla percezione distratta del
quotidiano e che il video registra e amplifica.
Brevi frammenti di realtà resi iperreali
dall'attenzione concentrata del mezzo.

Frank Gillette
(Jersey City, 1941)
*Three Tuscan Fields and the Birds of
Madagascar*, 1974
b/n; son.; 30'
produzione: Art/Tapes/22, Firenze
in collaborazione con Castelli-Sonnabend
videofilms, Corp.

Registrato nella campagna toscana,
con riprese di un frutteto, un vigneto e
un uliveto. Le immagini sono montate
elettronicamente in lunghe oscillanti
sequenze che restituiscono il ritrovato
senso della natura. Sonoro basato sulla
documentazione di canti di uccelli esotici.

Taka Iimura
(Tokyo, 1937)
Field Works I, II, III, 1974
b/n; son.; 25' - produzione: Art/Tapes/22,
Firenze - con Taka Iimura

"Un campo visivo creato da uno specchio
e un monitor. Usando questi strumenti e la
telecamera, Taka Iimura esegue tre azioni
sulla doppia virtualità della riflessione: 1)
l'artista passeggia davanti allo specchio
avvicinandoglisi progressivamente; 2) lo
schermo diviso a metà presenta l'immagine
dell'artista visto simultaneamente davanti
e dietro; 3) l'artista ripreso alle spalle
mentre riprende a sua volta la presenza del
monitor".
(Tommaso Trini, 1975)
"I am not Taka Iimura", ripete spesso,
mentre la sua bocca si apre e si chiude
come quella di un pesce.

Les Levine
(Dublino, 1936)
Suicide Sutra, 1974
b/n; son.; 30' - con Les Levine

La musica, orientalizzante, evoca l'"OM" che
precede la trance. Sembra di essere in un
tempio indiano. Le immagini si susseguono
su questa base sonora: appare il volto
di Levine, si vede mentre legge un libro,
passano automobili, inserti metropolitani di
fumetti, pitture, i poeti della beat generation,
perfino Paul Newman... Levine si considera
un 'media sculptor', lavora sull'*environment*,
il video, la fotografia, il film.

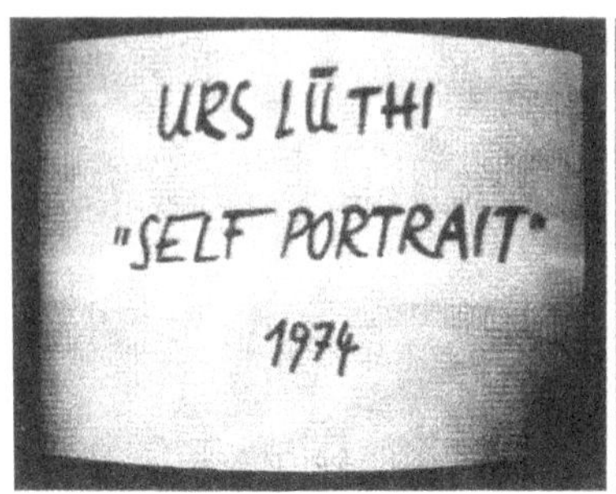

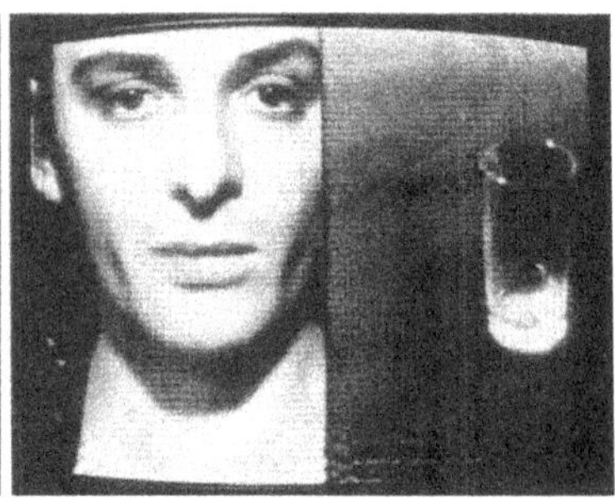

Urs Lüthi
(Kriens, 1947)
Morire d'amore, 1974
b/n; son.; 9' - produzione: Art/Tapes/22
tecnici di registrazione: Andrea Giorgi,
Germano Sangirardi, Enzo Stella in
collaborazione con la galleria Diagramma,
Milano. Con Urs Lüthi ed Elke

È un video costruito sulla giustapposizione
delle immagini e la simultaneità degli eventi.
Due finestre aperte sullo schermo mostrano
rispettivamente il volto di una donna che
fissa la telecamera e di un uomo, al buio,
illuminato ad intermittenza dalla luce di una
torcia elettrica. A un certo punto la donna
spara con una pistola contro la telecamera,
l'uomo cade e la sua immagine scompare
dal monitor. Rimane, ancora un po',
l'immagine della donna, e accanto, nell'altra
finestra, il buio.

Self Portrait, 1974
b/n; son.; 8'
produzione: Art/Tapes/22, Firenze
tecnici di registrazione: Andrea Giorgi, Usley
Pinnock - in collaborazione con la galleria
Diagramma, Milano - con Urs Lüthi

Una porzione di tempo e l'accadere di due
eventi relazionati tra loro dallo scorrere di un
liquido: il latte in un bicchiere vuoto, fino a
debordarne; l'acqua, forse pioggia, sul volto,
all'inizio asciutto, di un uomo, che diventa
sempre più abbondante, fino a rendergli
difficile respirare e tenere gli occhi aperti.
Anche in questo video le due immagini sono
accostate dalle due finestre in cui è diviso in
verticale lo schermo.
Il sonoro rende efficacemente la scansione
temporale.

Giulio Paolini
(Genova, 1940)
Unisono, 1974
b/n; non son.; 3' - produzione: Art/Tapes/22,
Firenze - tecnico di registrazione: Andrea
Giorgi

Si tratta dell'unico video realizzato
dall'artista.
"Novantadue opere, datate dal 1960
al 1974, dimenticano la loro immagine
originale e tendono a identificare, nello
'spazio' di un minuto, una dimensione
abituale e sconosciuta: quella di un quadro":
(Giulio Paolini, 1975)

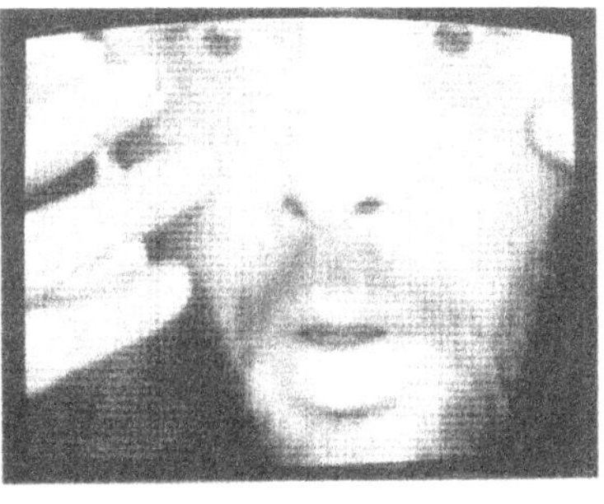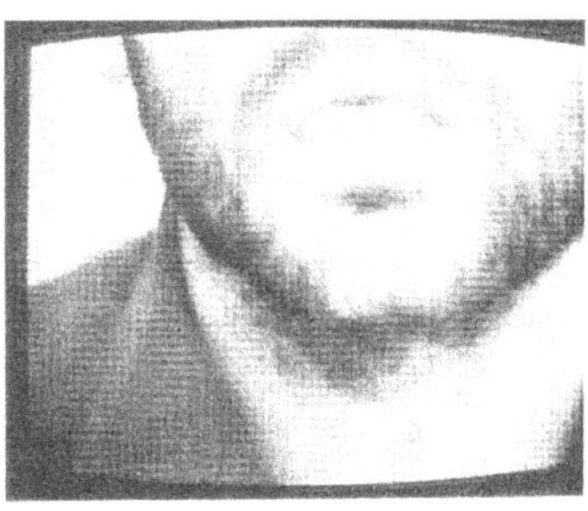

Arnulf Rainer

(Baden, Vienna, 1929)
Mouth Piece, 1974
b/n; son.; 6' - produzione: Art/Tapes/22,
Firenze - con Arnulf Rainer

Protagonista del video è il volto
dell'artista. Nei dettagli del suo viso,
scrutati dalla telecamera, passano una
miriade di espressioni, di smorfie, di
elementari funzioni fisiche. L'azione è
rallentata - la bocca deglutisce, respira
- e poi gradatamente si fa più intensa e
angosciosa, finché rabbiosamente inizia a
schiaffeggiarsi.

Slow Motion, 1974
b/n; son.; 9'
produzione: Art/Tapes/11, Firenze
con Arnulf Rainer

Rainer rotola lentamente il suo corpo
per terra, alzandosi come in trance e poi
ricadendo giù, in posizione fetale.

Confrontation with my Videoimage, 1974
b/n; son.; 40'
produzione: Art/Tapes/22, Firenze
con Arnulf Rainer

Un confronto con la propria immagine
riflessa in uno specchio, mediata dallo
'specchio' dello schermo. Come un
bambino, regredisce davanti all'immagine
di sé che gli è di fronte: si liscia, si lava, si
massaggia, si tappa le orecchie. Vediamo
come l'artista reagisce guardando la propria
immagine.

Rainer fa parte del Gruppo di Vienna,
espressione dell'area più violenta della
Body Art, vicino a Hermann Nitsch. Fin
dal 1968 lavora alle *Face farce*, immagini
fotografiche in cui il suo volto appare
sconvolto dalla smorfia.

"Non sono un pittore, né un poeta, né uno
sportivo, né un cineasta, né un filosofo, ma
un espositore. Nel mio lavoro l'arte figurativa
è mimica e ginnastica. Il gesto, il dinamismo
corporeo o la cinetica del volto non sono per
me né un gioco, né un utensile teatrale né
tantomeno un rituale, bensì coscienza, la
forma di comunicazione più fondamentale
dell'uomo (e di molti mammiferi). Per
documentare questo linguaggio del corpo
in un aspetto statico o in movimento, io mi
servo delle fotografie e del film. Durante
queste azioni sono teso al massimo, al
limite di un collasso nervoso... per portare
avanti questo lavoro cerco di riprodurre

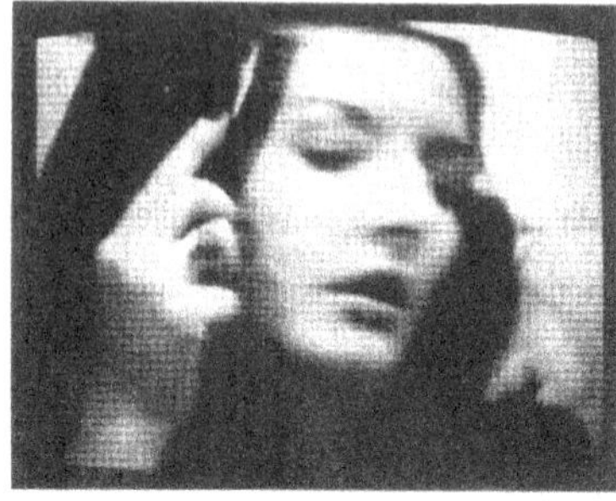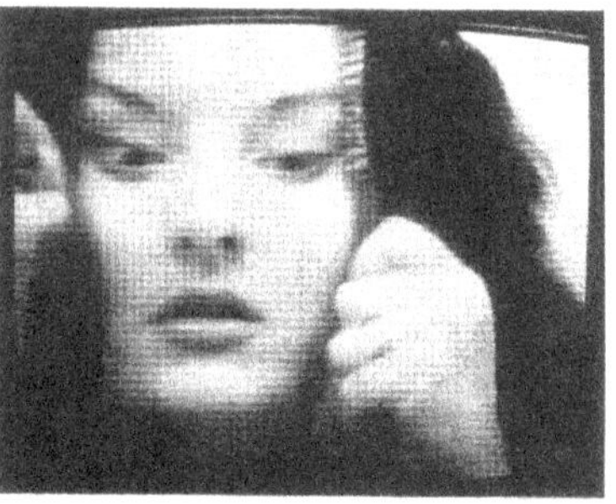

me stesso comprimendomi. Naturalmente
queste autorappresentazioni richiedono
uno sforzo enorme e nascono da gesti
anticulturali, da smorfie e altro. Tuttavia
sono anche degli elementi di conservazione
preverbali o forme di comunicazione della
prima infanzia, il cui senso per me è ancora
oscuro... in questo modo faccio dell'arte
una ricerca antropologica, dato che l'uomo
è soltanto una massa; un cumulo di germi,
di possibilità che egli stesso appena
sospetta e che per una buona parte rifiuta
a priori. Infatti egli rende tabù tutte quelle
grandi superfici che formano il suo passato
biologico. Ma, timido com'è, rifiuta molte
delle sue stesse possibilità, poiché, tutto
sommato, è pur sempre una formica che,
una volta ingrandita, gli appare simile a un
mostro".
(Arnulf Rainer, 1973)

Marina Abramović
(Belgrado, 1946)
*Art Must Be Beautiful, Artist Must Be
Beautiful*, 1975
b/n; son.; 40' - produzione: Art/Tapes/22,
Firenze - con Marina Abramović

Il titolo di questo video è, come spesso
accade, la letteralizzazione dell'azione che
viene registrata; l'artista deve essere bella
e perciò si pettina di fronte alla telecamera.
Dapprima evanescente, poi sempre più
nitida e ravvicinata, appare l'immagine di
Marina Abramović. Agisce sui suoi capelli
con una spazzola in mano e un pettine a
denti larghi nell'altra con sempre maggior
intensità e violenza, ripetendo con voce
angosciata e respiro affannoso per tutta
la durata della performance la frase del
titolo. Lo sguardo è assente, l'espressione
provata. Poi, come era apparso all'inizio,
il suo volto torna a sfocarsi, quasi una
maschera di morte, fino a scomparire.

Chris Burden

(Boston, 1946 - Topanga Canyon, California,
2015)
Afternoon at Portarossa Hotel, 1975
b/n; son.; 27' - produzione: Art/Tapes/22,
Firenze - con Chris Burden e Alexis Smith

Una partita a carte sul letto sfatto di un
albergo. Il gioco è Black Jack, i giocatori un
uomo, Burden, e una donna, Alexis Smith.
Ogni volta che uno dei due perde una
mano, deve togliersi un indumento. Il video
termina quando finisce il gioco. Più che una
riflessione sul tempo e sulla durata è un
brano di esistenza, ma registrato con l'ironia
e con l'esilità di una trovata.

Sandro Chia

(Firenze, 1946)
Di come il fuoco rigenera la candela, 1975
b/n; non son.; 30'
produzione: Art/Tapes/22

Il video mostra per tutto il tempo una
candela accesa. Un video sulla durata, ma
anche una riflessione sul simbolismo del
fuoco. È l'elemento che brucia e consuma,
ma vi si ritrovano anche, al pari dell'acqua,
gli aspetti positivi della distruzione: la
rigenerazione e la purificazione. Su questo
rovesciamento simbolico è pensato il video
di Chia: la candela accesa non si consuma
mai, come se il fuoco contemporaneamente
la facesse bruciare e la rigenerasse, tanto
da rendere impossibile allo sguardo umano
la percezione di qualsiasi mutazione.

Antoni Muntadas

(Barcellona, 1942)
Two Pulses / Two Heartbeats. Friction, 1975
b/n; son.; 6'

Brevi azioni, manipolazioni di oggetti ed
esplorazioni del corpo umano di sapore
sottilmente erotico. La telecamera si
sofferma sulle cose con una concentrazione
tattile che esalta l'ambiguità delle immagini
mostrate.

Joan Jonas

(New York, 1936)
Merlo, 1976
b/n; son.; 16' - produzione: Art/Tapes/22,
Firenze - in collaborazione con Castelli-
Sonnabend videofilms, Corp. - con Joan
Jonas - Questo, come anche gli altri video
di Joan Jonas, è firmato e numerato
dall'artista.

Artista della danza, Joan Jonas opera al
chiuso e all'aperto, sia nelle gallerie che a
diretto contatto con la natura.
In questo video Joan Jonas si aggira da
sola nella campagna toscana, tra i ruderi,
emettendo lunghi suoni da un rudimentale
strumonto a fiato, quasi un richiamo di
uccello nel silenzio e nella solitudine.
"...Se le sue performance all'aperto
si rifanno palesemente alle cerimonie
sciamaniche e naturalistiche, in *Merlo* i
pezzi all'interno riguardano il mistico che è
peculiare di ciascun individuo..."
(Germano Celant)
"La prima scena è mattino, la seconda
mezzogiorno, la terza pomeriggio, e durante
l'ultima il sole sta calando. Il tempo tra
il calar del sole e le tenebre è chiamato
talvolta crepuscolo. Io sto guardando il
passaggio tra il giorno e la notte".
(Joan Jonas, 1974)

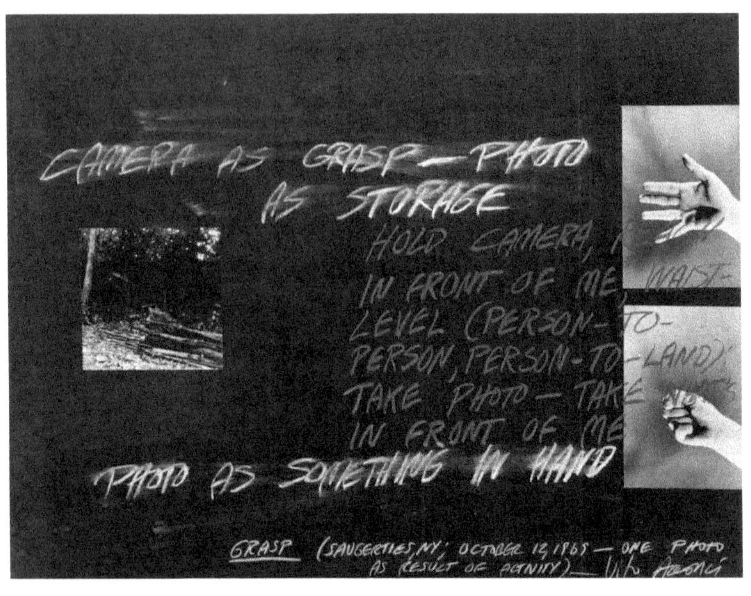

Vito Acconci, *Grasp*, 1969. Courtesy: Guggenheim Museum

Vito Acconci

Note sul mio uso del video

1. È un contatto faccia a faccia: una persona sullo schermo fronteggia una persona di fronte allo schermo. (Allo spettatore del video si fa incontro uno schermo che ha approssimativamente le dimensioni di un viso - laddove, nel film, lo spettatore incontra uno schermo di venti piedi d'altezza).

2. Film = paesaggio, silenzio (il suono proviene da qualcosa troppo grande per essere una persona - funzioni del parlare come musica di sottofondo, 'titoli' che creano miti). Video = primo piano, suono.

3. Lo spettatore del video siede vicino allo schermo - la distanza che Edward Hall chiama 'distanza personale', dove la tridimensionalità è enfatizzata. Ma l'immagine sul video è piatta, granulosa - il video, allora, serve a far diminuire la distanza, a raggiungere la 'distanza intima' di Hall, dove la visione è sfocata e distorta (tipicamente, l'immagine video si presenta a puntolini).

4. Poiché si perde il fuoco preciso, c'è una dipendenza dal suono. Ma potrebbe essere difficile parlare di qualcosa (Martin Joos: "Parlare da una distanza ravvicinata impedisce di dare al destinatario informazioni dal di fuori della pelle del parlante... Il punto è semplicemente far venire in mente - non 'informare di' - al destinatario alcuni sentimenti all'interno della pelle del parlante").

5. Se entrambi, l'immagine e il suono, nel video sono solo 'di base', solo ' contorni', potrebbero esserci due approcci: o evitare i sensi abituali, e concentrarsi sulla trasmissione della 'energia pura' - o, dall'altro lato, essere umanamente 'pushy' (impellenti): posso fare forza contro lo schermo, come se gettassi me stesso sullo spettatore, come se, per combattere la neutralità della situazione, mi spingessi attraverso.

6. Il video, allora, come luogo per continuare a muoversi, a parlare - improvvisare - ritrattare e cominciare di nuovo - abbarbicarmi alla mia posizione davanti allo spettatore, non abbandonarla, non perdere la di lui o la di lei attenzione.

7. Parafrasando Godard: il video potrebbe essere la paura dei puntolini, del grigiore, della neutralità, della piattezza, dell'interferenza, dello spettatore in poltrona...

8. Charlie Chaplin (a proposito della necessità delle riprese da lontano nei film-comedy): "Non c'è niente di comico in una faccia alta venti piedi". Al contrario, il viso sul video può essere trattato, con un piccolo sforzo, si può farlo rimbalzare tutt'intorno come una palla. (Probabilmente il video rende difficile lavorare in un'unica chiave - niente tragedia, niente orrore, niente spettacolo, niente di sacro; addensa, o confonde, l'impasto).

9. I miei primi video li ho giocati sulla concettualizzazione del monitor, la 'video box': ho lavorato da solo in 'feedback' con me stesso, ho lavorato anche con un'altra persona, sia in 'combattimento' fisico, sia in una sorta di ESP test. Lo spettatore è stato posto fuori di una stanza privata, a guardare un obbiettivo che veniva raggiunto (cfr. le situazioni da soggiorno delle 'soap-opera' televisive, o i cosiddetti 'talk-show').

10. Si potrebbe dire che le opere più recenti giocano sulla nozione dei 'puntolini' del video: il monitor è un punto nello spazio che include lo spettatore, un circolo che da lui è completato - la mia idea mira allo spettatore, tira colpi nella sua direzione (cfr. i notiziari, gli 'spot' pubblicitari).

11. la mia prima domanda è: dove sono in relazione con lo spettatore - sopra, sotto, di lato, dietro... Una volta stabilito questo, allora posso calcolare la ragione della mia posizione fisica, posso decidere che cosa devo fare, che cosa dovrei dire.

12. Un problema: è difficile per me considerare una videocassetta tanto seriamente quanto una installazione (l'installazione può includere, naturalmente, un video - per es. *Command Performance (Esecuzione di un ordine)* al 112 di Green Street). Nello stesso tempo, probabilmente penso ad alcune mie opere video come più 'perfette', più 'complete' della maggior parte delle mie installazioni.

13. Il problema è che è troppo facile realizzare una videocassetta 'completa' perché i termini di confronto - dato che attualmente sembrano esistere nella normale 'cassetta d'artista' - sono limitati, isolati: non c'è un reale contesto di osservatori che possa essere

considerato parte integrante dei termini di un'opera. (Per es., se il contesto fosse una trasmissione televisiva pubblica, allora, nella produzione di un'opera si dovrebbero considerare la dispersione, le diverse aree geografiche, i particolari tempi di osservazione ecc., nello stesso modo in cui io terrei conto delle caratteristiche particolari di una stanza per una installazione).

14. Il problema è che una videocassetta è 'messa' in una galleria. La stanza è di solito oscurata, probabilmente con posti a sedere fissi - la cassetta, allora, diventa uno spettacolo e perde la sua qualità di 'compagna domestica'; c'è una folla di gente davanti al monitor - troppe facce con cui viene faccia a faccia; ci dovrebbe essere più di un monitor a mostrare la stessa cassetta - cosicché non potrei avere un punto definitivo dove stare.

15. Possibilità per creare una situazione di osservazione: due pareti, ognuna di circa otto piedi quadrati, una di fronte all'altra, circa tre piedi di distanza fra loro - il monitor è collocato nel mezzo di una parete, all'altezza degli occhi - il suono è regolato al volume normale del parlare. Lo spettatore, allora, deve incontrare attivamente l'immagine: non può stare al di fuori e dare solo occhiatine di sfuggita o cogliere borbottii; o può infilarsi fra le pareti e camminare di fianco fino ad essa oppure può avvicinarsi del tutto e mettere la sua faccia contro lo schermo.

Vito Acconci, *Some Notes on My Use of Video*,
in *Art-Rite* n. 7, autunno 1974, New York

Vito Acconci, una testimonianza

a cura di Alessandra Cigala

Può ricostruire il suo approccio iniziale con il video? Quali sono state le intenzionalità che l'hanno indotta ad utilizzare con frequenza il video nella prima metà degli anni Settanta?

Feci il mio primo videotape quando mi fu chiesto di realizzarne uno. Verso la fine del 1970 Willoughby Sharp organizzò una mostra chiamata *Video Art*, fornendo l'attrezzatura per la realizzazione di un tape appositamente studiato per l'occasione. In altre parole: non che ci fossero dei lavori, dei video, che sentissi la necessità di fare dei video, tanto da brancolare disperatamente alla ricerca del medium perfetto con il quale realizzarli; fu invece, più semplicemente, quest'altra via che mi fece avvicinare al video. Il medium veniva prima di tutto, e avevo una specie di missione, dovevo trovare qualcosa che potesse essere realizzata attraverso la sua utilizzazione. Mi trovavo allora a operare nel contesto dell'arte da oltre un anno, avevo usato per i miei lavori la mia viva presenza, fotografie, film. Mi dovetti chiedere: cosa potrei fare con il video che non abbia già fatto, perché non mi era possibile, con gli altri media? In risposta a questa domanda, focalizzai la mia attenzione su quella che per la maggior parte delle persone è la prima osservazione da fare sul video: il *feedback* simultaneo. La capacità di vedere se stessi e fare qualcosa nell'esatto momento in cui la si sta facendo. Allora ho usato il video come processo conoscitivo, un dispositivo di correzione (potevo fare qualcosa - potevo controllare ciò che stavo facendo, vedere come lo facevo, scoprire dove sbagliavo - potevo correggere i miei errori e andare avanti passo passo).

Ho continuato a usare il video allo stadio iniziale del mio lavoro, perché riuniva in sé le idee generali che avevo sull'arte: la nozione di adattamento - la nozione dell'esigenza di un vincolo individuale all'interno di un sistema - il tramonto del protagonismo dell'individualità e la ricognizione su tutti i sistemi. Del video mi interessava anche la camera portapack: era qualcosa che potevo usare da solo, non avevo bisogno di una gran quantità di oggetti intorno a me. Fare arte, allora, poteva essere una questione di autosufficienza, una questione di sopravvivenza. Un altro elemento legato al video per cui provavo interesse era la sua distribuzione: negava l'oggetto unico, negava il valore come è acquisito dal mondo dell'arte (ma non ho mai esplorato abbastanza a fondo la distribuzione del video, ho solo lasciato che avvenisse).

Guardava al video come a un nuovo supporto da sperimentare, oppure, più semplicemente, come a un medium fra i tanti?

Dubito che pensassi al video come a qualcosa di particolarmente 'nuovo'. Era, semplicemente, solo un altro medium attuale in quel dato momento. Il tipo di lavoro che io, e la maggior parte degli artisti della mia generazione, abbiamo svolto era legato all'utilizzazione di metodi differenti, di materiali diversi che capitavano a portata di mano. Non pensavamo all'arte come se fosse confinata a media particolari; piuttosto, pensavamo all'arte come a un non-campo nel quale si potesse importare da qualsiasi altro campo del mondo; era difficile, allora, glorificare il 'nuovo', perché non eravamo mai stati collegati con il vecchio e non avevamo mai ricevuto committenze.

Da un lato, pensavo certamente che un video fosse uguale a un qualsiasi altro lavoro da me realizzato, e altrettanto importante. Dall'altro lato, pensavo al video (e al film, alla fotografia) come a un sussidio alle opere dal vivo e, più tardi, alle installazioni: perché il video era uno spazio, una specie di parete, un oggetto, di fronte allo spettatore, e io ho un'inclinazione per il tipo di spazio di cui lo spettatore fa parte, e da cui non è separato. La mia tendenza, in altre parole, era verso lo spazio che 'senti', con tutti i sensi, piuttosto che verso un oggetto che *guardi* e/o che *ascolti*.

Può parlarmi dei suoi videotape?

La maggior parte dei miei tape è stata realizzata con una camera fissa; il lavoro dell'operatore, se c'era un operatore, era quello di contribuire al posizionamento e alla regolazione delle luci, a fissare l'inquadratura e a sistemare il microfono. Dopo di che, lui/lei doveva solo girare intorno alla camera, cose che avrei potuto fare da solo. Ho usato il video come un elemento, uno spazio, una posizione, in una relazione persona-persona, faccia a faccia: prendevo una posizione sullo schermo che aveva una qualche relazione con la posizione dello spettatore al di là di esso. Ero indirettamente di fronte allo spettatore, o sopra, o sotto, o lontano, da una parte. Ora, poiché ero fisicamente in una data posizione, la potevo incarnare psicologicamente. La maggior parte dei miei tape funzionavano come incontri-sessioni di gruppo tra uno spettatore e me. (L'ultimo video che ho realizzato, *The Red Tapes*, nel 1976, complica la trama che ho tracciato sopra. Era di durata ampia, cinematografica, a metà tra il mondo dei video e quello del cinema, combinava il regno della storia con il regno del nuovo. Pensavo che fosse con probabilità il miglior tape che avessi mai realizzato, perché, al contrario dei miei primi tape, probabilmente non aveva a che fare in modo così diretto con le idee del video).

Quali sono i suoi ricordi di Art/Tapes/22 di Firenze, dove ha realizzato alcuni lavori video?

Era qualcosa di simile a un video-monastero. In un periodo di circa una settimana ho fatto, credo, cinque tape. Ho lavorato con due persone, due giovani, in qualità di 'tecnici': ma erano molto più di questo. Dissi loro vagamente cosa avevo in mente, mi suggerirono ambientazioni e inquadrature, mangiammo insieme, trascorremmo insieme tutte le giornate, discutemmo, argomentammo e sviluppammo una teoria e una pratica del video.

Qual è stata, se c'è stata, l'eredità dell'esperienza video sulla sua più recente riflessione e operatività?

Del video non dimenticherò mai una cosa: non sembra mai del tutto serio, definitivo. Dopo tutto, un video potrebbe sempre essere cancellato e nuovamente registrato. Penso di aver mantenuto questa sensazione nel mio lavoro più recente, più architettonico: spero che l'opera non venga sentita come un monumento, che deve essere conservato, ma come una strada, come una città, che cambia col tempo seguendo le condizioni della società.

giugno 1988

Giulio Paolini, una testimonianza

a cura di Alessandra Cigala

Può ricostruire il suo approccio iniziale con il video? Quali sono state le motivazioni che l'hanno portata a realizzare un videotape?

Più che di motivazioni in senso stretto, fu proprio la sollecitazione convincente di Maria Gloria Bicocchi a portarmi a sperimentare quel nuovo mezzo: ancora una volta quindi cedetti, se così posso dire, alle persone prima che al materiale. Certamente, va anche detto, qualche curiosità per il video era nell'aria...

Provava interesse a sperimentare un nuovo supporto come il video?

Ero, e resto tuttora, quasi completamente sprovveduto nei confronti di questa nuova tecnica, e degli artisti che ne erano invece già molto esperti... Ma forse proprio per questo fui attratto da un modo non abituale di utilizzarla: quello della ripetizione di fotogrammi fissi che producevano, in successione l'uno all'altro, la "summa" di un'immagine.

Può parlarci di Unisono*?*

L'opera era accompagnata da queste parole: "Novantadue opere, datate dal 1960 al 1974, dimenticano la loro immagine originale e tendono a identificare, nello 'spazio' di un minuto, una dimensione abituale e sconosciuta: quella di un quadro".

Con il senno di poi, ritiene che l'esperienza video abbia in qualche misura inciso su quella che può essere oggi la sua riflessione?

Se consideriamo il video e la fotografia due aspetti complementari di una certa ricerca, l'esperienza di Art/Tapes/22 è stata essenziale, e non soltanto per me.

maggio 1988

Bill Viola

La scena europea e altre osservazioni

Una premessa

Le informazioni contenute in questo articolo sono il risultato del primo anno che ho trascorso in Europa, lavorando come direttore tecnico di Art/Tapes/22, un centro sperimentale di produzione di video e distribuzione di videocassette che ha sede a Firenze. Il centro nacque nel 1973, per iniziativa di Maria Gloria Bicocchi, come luogo di sperimentazione, da parte degli artisti convocati, di questo nuovo mezzo, che era ancora in ombra in Europa. L'organo di produzione vero e proprio (lo studio) vive in relazione di complementarità con la distribuzione delle videocassette, cosa che conferisce un carattere internazionale al centro. Molto dell'entusiasmo che si esprime in questo articolo è dovuto all'ambiente di lavoro dell'ART/TAPES/22, in cui io trovo un atteggiamento di reale apertura verso le potenzialità del video che si traduce quotidianamente in un salutare incontro e scambio culturale. Costruito sulle energie e i desideri della sua direttrice, Maria Gloria Bicocchi, il centro è, io trovo, unico nel suo genere in tutta Europa e negli Stati Uniti, un luogo dove artisti da tutte le nazioni possono trovare un terreno comune attraverso il mezzo, e dove una situazione operativa personalizzata e positiva apre sbocchi a canali di lavoro.

È provato che lo sviluppo del video in Europa è pionieristico (nell'opera di persone come Gerry Schum e Wolf Vostell) e ancora in ritardo e restio nell'affermarsi (come testimoniato dalla quantità generalmente scarsa di produzione costante). Non è mia intenzione produrre una documentazione che tracci il progredire storico del mezzo televisivo in Europa: sono arrivato sulla scena troppo tardi per questo, e credo che una quantità più che adeguata di dati sia già disponibile per coloro che vi fossero interessati. Dunque ciò che sto per presentare è una serie di osservazioni ed esperienze dal punto di vista di un americano direttamente coinvolto nello sviluppo del video in Europa, e soprattutto in Italia, nel corso dell'ultimo anno. Si tratta quindi di un lavoro soggettivo, che spero sarà preso per quello che è - una riflessione da parte di una persona che parla solo in nome di se stessa, e che si trova proprio nel mezzo della scena di cui sta facendo un commento.

La scena europea

BOLLETTINO VIDEO: Bene, la Sony ha oggi annunciato a Parigi la sua nuova linea autunnale. È di dominio pubblico - i particolari sono ancora da svelare. Arrivato in novembre il nuovo 8650 (1/2 pollice, a colori) colpirà la scena europea, e la gente non sta nella pelle per metterci sopra le mani; completo di molte delle caratteristiche intorno alle quali non si fa che un grand ire, e in sistema PAL. Nella linea U-matic, ha più o meno l'aspetto di un normale videoregistratore. I modelli internazionali, nel doppio formato U-matic, saranno ancora in giro questo autunno, insieme a poche novità. Nelle sale d'esposizione di lusso a Parigi abbiamo visto il nuovo videoregistratore a colore portatile, e il nuovo automatico col sistema editing, entrambi messi in circolazione l'autunno scorso. Tutto ciò può sembrare un po' vecchiotto a voi degli Stati Uniti, ma la gente qui non fa che parlarne entusiasticamente. In realtà, per noi in Europa c'è molto da guadagnare nel tenere continuamente d'occhio le ultimissime novità tecnologiche provenienti dagli Stati Uniti. FINE DEL BOLLETTINO VIDEO.

Ho scelto di cominciare questo articolo parlando di "hardware" perché ho la responsabilità di una produzione presso l'ART/TAPES/22, e questo è il punto focale delle mie attività. Inoltre, più in generale, trovo che lo sviluppo, la resa, i costi e la produzione di particolari sistemi video "hardware" siano il fattore più determinante per qualsiasi creazione "software", indipendentemente dal tempo, dal luogo e dalle condizioni personali di chi ne fa uso. (Questo dato sta cambiando recentemente, dato che alcuni si improvvisano ingegneri e stanno modificando per proprio conto attrezzature e progettazioni). Fatta questa premessa, si constata poi che la situazione in Europa è caratterizzata da un grave ritardo, di cui si dirà meglio in seguito. Le informazioni fornite in apertura sono attendibili; la gente è ancora in attesa di attrezzature in circolazione negli Stati Uniti ormai già da un anno. L'equipaggiamento della TV Vaticana è ordinato in NTSC, il sistema usato in Giappone e in U.S.A.. Per lo più, i nuovi prodotti vengono immessi sul mercato contemporaneamente in queste due nazioni, e solo il seguito modificati per il sistema PAL, spesso con un ritardo di più di un anno.

La differenza di sistemi fra l'Europa e l'America significa più del fatto che può provocare la morte accidentale di un turista, che inserisce la spina nel suo rasoio elettrico americano a 110-volt in una presa a 220-volt nella stanza da bagno di un albergo di Roma, e fatalmente è spacciato. A parte le divagazioni, le conseguenze della differenza di cui si diceva sono molteplici, e nuocciono sia al produttore che al fruitore, influenzando ogni produzione "software", materialmente e anche da un punto di vista psicologico. [...]

C'è un determinato numero di linee che possono essere scandite sulla superficie di uno schermo in un dato intervallo di tempo (60 Hz - giri al secondo - in America, 50 in Europa). In un sessantesimo di secondo si contano 212 linee e mezza; in un cinquantesimo, circa 312. Dunque una cosa si chiarisce, una volta tolti di mezzo tutti questi elettroni: in Europa si hanno immagini che si completano ad una velocità leggermente inferiore, ma che contengono un centinaio di linee in più rispetto alle corrispondenti americane. Dunque nel vecchio continente si producono immagini dalla fermezza (e dai particolari) notevolmente superiore. Quando giunsi a Firenze per la prima volta, la prima cassetta che vidi era stata ripresa con un "portapack" in bianco e nero, in esterni e in piena luce solare (condizione ideale per le riprese). A parte il leggero tremolio ottico (causato dalla velocità inferiore - 50 giri -, alla quale ora sono completamente abituato), la qualità dell'immagine era stupefacente. Il dettaglio e la chiarezza di quella cassetta non avevano uguali in niente che avessi mai visto negli Stati Uniti. Per quanto riguarda il colore, il discorso è un altro; le differenze tecniche sono troppo complicate per parlarne in questa sede, ma si può dire che il diverso sistema di riproduzione del colore, unitamente alla sempre migliore resa dell'immagine, si risolve in un prodotto televisivo a colori che ha dello straordinario per un figlio del NTSC. L'Europa ha adottato il suo sistema dopo l'America: ecco un esempio calzante qui, dal punto di vista del nostro argomento, il ritardo è stato salutare.

Ma la cosa non finisce qui: i problemi non sono finiti. I due sistemi non sono compatibili affatto. Le cassette realizzate nel sistema NTSC non possono essere viste in PAL, e viceversa. Questo significa che Desi non può amare Lucy in italiano? Ebbene, per il fatto che molto materiale televisivo era stato in origine realizzato su pellicola, Hugh Beaumont potè lasciarlo all'estero, a Beaver, e l'esportazione di tutte queste preziose informazioni e della ricca eredità culturale non fu ritardata. Ma per il materiale realizzato direttamente in video, la faccenda non è così facile. Esistono i mezzi tecnologici (per esempio alla BBC di Londra) per trasferire elettronicamente materiale da un sistema ad un altro, usando accorgimenti temporali e procedimenti digitali, ma sfortunatamente, a causa dei costi, tutto ciò non è alla portata del creatore indipendente di videocassette, né negli Stati Uniti né in Europa. Così l'unica alternativa possibile è il trasferimento ottico, che sarebbe come fare uno Xerox di un Xerox; se non è internazionale, la deformazione dell'immagine in cui si incorre ha un effetto distruttivo. (Il processo, chiamato "scan conversion" - conversione della traccia luminosa -, consiste nel prendere una cassetta realizzata in un sistema, diciamo in PAL, e per prima cosa mandarla in onda normalmente su un monitor; quindi con una telecamera NTSC si riprende l'immagine dallo schermo del monitor, registrandola su un videoregistratore NTSC. Ovviamente, ne risentono la qualità e la resa dell'immagine). Per una soddisfacente soluzione a questo problema, siamo nelle mani della Sony e dei suoi alti prezzi, e dobbiamo aspettare. [...]

Parlando di mattoni come lingotti d'oro

La televisione è stata acclamata, in numerose e popolari analisi da parte di deliranti esponenti della cultura, quale mezzo di comunicazione realmente totale. Io non so quello che significhi esattamente, ma osservo il ricorrere di alcuni schemi di concezione del video che si diffondono oltre i confini delle nazioni e che, procedendo per esclusione, possono essere attribuiti a fattori biologici e genetici comuni a tutta l'umanità e/o all'assenza del mezzo televisivo in se stesso. Mi sembra che ci siano determinati livelli di sviluppo secondo i quali il video diventa parte integrante di un dato tessuto sociale. L'ambiente culturale in Europa, per certi aspetti, è molto diverso da quello degli Stati Uniti. Crescendo a New York City e vivendo un'infanzia "a sette canali", già quando ero relativamente piccolo acquistai passivamente una certa dimestichezza con il video (sebbene l'applicazione pratica di questo lessico di cui mi ero appropriato si è dimostrata molto difficile nella mia posteriore esperienza di produzione televisiva). Questa grande familiarità con la televisione - unitamente ad altre cose quali un tostapane elettrico di casa, frullatori automatici, frigoriferi di lusso, forni a microonde, cucine da sogno super-accessoriate (tutto ciò ha più di una somiglianza con la "stanza dei bottoni" agli "studios" della NBC) - arrivò molto più tardi in Europa. La differenza nel substrato culturale dei mezzi di comunicazione si risolve in un gusto peculiare in ciò che si fa, in una caratteristica che si va sempre più definendo, io credo, come ciò che può chiamarsi il "video europeo", e che sarà, alla distanza, il risultato più importante di questa fase di diffusione della televisione presso i privati. Proprio in questo periodo, producendosi video in molte parti d'Europa, è in corso il processo dell'apprendimento di un linguaggio, che sfortunatamente negli Stati Uniti è spesso assunto come forma finale e definitiva, da parte di quelle persone che sono ansiose di delineare una cosiddetta estetica del video, e nelle analisi generiche e totalizzanti del mezzo. Io credo al contrario che l'attuale linguaggio sia una forma in continua metamorfosi, una volta poste le basi di una certa "alfabetizzazione". Bisogna riconoscere un certo processo di maturazione, all'interno del quale ogni elemento ha pari importanza e pari integrità, e non può essere considerato autonomo o assoluto. Inoltre questo processo è diverso, sotto certi aspetti, per ogni cultura, e invece spesso è giudicato in modo inadeguato da persone che, avendo sperimentato in prima persona i cambiamenti indotti dalle novità tecnologiche, danno per scontato che lo stesso debba avvenire sempre e comunque con le stesse modalità. La mia esperienza a Firenze mi ha insegnato di più, a proposito del mezzo stesso, di quanto non possa fare qualsiasi elenco teorico di caratteristiche volto a definire il "video europeo". Ho scelto di trattare più approfonditamente questo aspetto, in questo articolo, piuttosto che dilungarmi su una serie di differenze già di per sé evidenti a chiunque abbia modo di vedere i video.

Il lavoro prodotto sul continente è per lo più in bianco e nero, a 1/2 pollice, e uno degli elementi più importanti che ne determinano la durata è la lunghezza della cassetta disponibile. In altre parole, la maggior parte dei prodotti sono lunghi e difficilmente sfruttabili, nonostante il fatto che una gran quantità delle trasmissioni televisive, specialmente quelle della BBC, siano ad altissima qualità per quanto riguarda la documentazione, la ricchezza di dati e la concisione. Ciò che accade in America, invece, sembra ricadere nell'estremo opposto, a causa del predominio del modello da trenta secondi degli spot pubblicitari, che negli Stati Uniti hanno una prevalenza e una concentrazione senza pari in Europa. Naturalmente, considerando molta produzione televisiva come una reazione ad una forza predominante, è facile capire perché gran parte dei tentativi iniziali tendano ad estendersi in durata, piuttosto che a limitarsi. (Non si intende qui porre l'accento sulla brevità come su di un elemento cruciale, come può essere una certa consapevolezza organizzativa necessaria alla fase di produzione vera e propria). Come ho già accennato in altri scritti, la maggior parte della gente troverà molte opere video noiose, senza capire realmente la causa di questo problema. Non si tratta tanto del fatto che queste cassette siano noiose perché, per esempio, le immagini sullo schermo sono troppo statiche, oppure lo sviluppo temporale troppo lento, al contrario - in video, non esiste un'immagine statica(come spiegato precedentemente): l'elevata velocità del fluire dei dati ne fa in realtà l'oggetto visibile nel nostro ambiente quotidiano che muta più velocemente. Dal punto di vista fisico, si tratta probabilmente della espressione più difficile e più esigente a cui prestare attenzione; molti video degli esordi sembrano meglio riusciti proprio alla luce di questo.

Ma tutto ciò dal punto di vista dei creatori di video. Bisogna notare, allora, che anche il pubblico vive un processo di apprendimento. Una delle cose che mi ha sempre stupito di più, in America come in Europa, è che la gente guarderà poi in effetti inesorabilmente tutto questo materiale nella sua terribile interezza, se si tratta del primo incontro con il video. Infatti, la mia esperienza, in particolare con le normali grandi mostre artistiche, indica che inizialmente la gente guarda quasi tutto. Si verifica davvero una sorta di eccitazione nell'aria quando, per esempio, il tenue ronzio di una voce dal vivo in un microfono molto più amplificato o il bagliore crescente di uno schermo televisivo appena acceso riempono lo spazio. Ho visto della gente girellare o starsene in piedi qua e là, all'apertura di una mostra di video d'arte, e starsene per la maggior parte del tempo semplicemente a fissare la neve, cosa che può attribuirsi o ad una infatuazione infantile per i libri del tipo "unisci i puntini", oppure al rapimento estatico per la libertà appena trovata di poter combinare i "video raster" a proprio piacimento. Mi ricordo che da bambino continuavo a chiedere a mio padre come mai alle cimici piacesse New York. E amano gli "yankees", anche, mi stupivo io, quando, trascorrendo noi le nostre afose serate estive in una camera con le persiane abbassate a guardare in televisione le partite di baseball, le falene presenti nella stanza cercavano disperatamente di passare attraverso il vetro dello schermo ed entrare nel mondo trasmesso dalle immagini.

Il ricordo di un'esperienza di un'altra notte d'estate di parecchi anni dopo, nel mio studio, affiora chiaramente nella mia mente. Avevo ottenuto dall'università del luogo un mucchio di attrezzature video con cui giocherellare. Fra questi balocchi il mio preferito era un proiettore video, che fu la prima cosa che inaugurai. Una volta in piena notte, poiché la telecamera collegata al proiettore si stava accendendo, mi distrassi un momento per fare non so che. Quando vi rivolsi nuovamente l'attenzione, rimasi senza fiato dinanzi all'enorme, luminosissima immagine che appariva a soli pochi piedi di distanza dai miei occhi - un mattone gigante. Non uno di quei normalissimi, banali mattoni fatti in serie, si badi bene, ma un mattone gigante - enorme, fluttuante come il dirigibile della Goodyear. Probabilmente la telecamera era casualmente puntata su un mattone rosso che si trovava sul pavimento del mio studio, e, essendosi accesa, ne rimandava ora l'immagine. Individuai ben presto l'oggetto reale nella stanza; fui sollevato - si trattava, allora, solo di un normalissimo mattone - ma dopo quell'esperienza esso sembrava nella realtà proprio insignificante e, per così dire, sottonutrito. Naturalmente, l'impressione iniziale del mattone sul video era stata amplificata dalle sue proporzioni, ma un monitor che riproduceva la stessa immagine che avevo messo nella stanza confermò l'essenza dell'accaduto. Quel mattone stava così bene proprio là, fluttuante, incorniciato dalla scatola del monitor, con la scritta "Sony" che risaltava orgogliosamente, proprio sotto l'immagine sul bordo inferiore dello schermo. Era speciale - un lingotto d'oro, molto più attraente di quel vecchio oggetto sporco che giaceva nell'angolo opposto alla telecamera. E fu così che capii di essere di fronte ad un problema nel lavoro che mi accingevo a fare: se il video rende così bello un comunissimo mattone, allora c'è un reale pericolo in qualcosa che farà apparire tutto come bello di per sé e sarà difficile non essere sedotti dal credere che tutta la roba che metterò davanti alla telecamera sopravviverà grazie alla riproduzione. La fase della riproduzione è molto importante, richiedendo essa tutta una serie di criteri di produzione diversi rispetto ad una situazione dal vivo o a circuito chiuso. (Questo genera molta confusione, perché si può vedere la forma finale del proprio lavoro mentre lo si realizza, o immediatamente dopo). Le grandi mostre televisive tendono per lo più ad amplificare questi problemi, non a risolverli.

La versione integrale di questo saggio è
in *Video Art: an Anthology* (a cura di), Ira Schneider
e Beryl Korot, Harcourt Brace Jovanovich, New York/London 1976

The Museum of Modern Art

11 West 53 Street, New York, N.Y. 10019 Tel. 956-6100 Cable: Modernart

August 28, 1974

Department of Prints and Illustrated Books

Ms. Maria Gloria Biccoci
22 via Ricasoli
Florence 50129
Itlay

Dear Maria Gloria Biccoci:

I am sorry that I did not meet you while I was in
Europe this summer. At Project '74 the cassettes
from Art/Tapes were certainly among the best.

Would you please send me information on the video
you have? I am especially interested in becoming
more familiar with European work.

We have just started to snow video at The Museum
on a 3/4" Sony deck and 17" Triniton monitors, and
are looking at work for future programs.

With best wishes,

Sincerely,

Barbara J. London
Curatorial Assistant

Art/Tapes/22
struttura e produzione

Scheda di Art/Tapes/22

Art/Tapes/22 nasce nel 1973, a Firenze, sotto la direzione di Maria Gloria Bicocchi. È un centro di produzione e distribuzione di videotape di artisti. Ha una sede anche a Parigi ed una a New York.

Produce videotape sonorizzati in edizione di venti esemplari, firmati e numerati dall'artista su una fotografia ingrandita di un videogramma. La distribuzione viene effettuata attraverso la vendita e il noleggio a gallerie, musei, università, centri di informazione sperimentale, collezionisti. Sono in distribuzione anche videotape di diversa produzione.

Il centro è attrezzato con un apparecchio Sony 1/2", bianco e nero, sonoro AV.

Per alcuni anni è stato il più importante centro italiano di videoarte, grazie alla sua intensa attività anche all'estero: nel 1974 una mostra itinerante della produzione di Art/Tapes/22, *Americans in Florence: Europeans in Florence*, si sposta negli Stati Uniti, in Jugoslavia, in Olanda. A New York i video vengono presentati al MOMA e diffusi dal canale 13 della televisione pubblica, che fin dal 1969 è aperto alla sperimentazione e diffonde programmi di artisti.

Nel 1976 Art/Tapes/22 è costretto a sospendere la propria attività, avendo finanziato esclusivamente con fondi privati la produzione dei propri tape senza ricavarne alcun riscontro economico. Maria Gloria Bicocchi cede i videonastri all'Archivio Storico delle Arti Contemporanee della Biennale di Venezia, dove si trovano attualmente.

Nel novembre 1977 artisti e videotape della produzione di Art/Tapes/22 vengono presentati alla Biennale, con un programma a cura di Maria Gloria Bicocchi e Fulvio Salvadori. Sono previste una serie di conferenze sul video, ma si terrà soltanto l'incontro inaugurale del ciclo, con Marshall McLuhan.

Nel catalogo della mostra *Americans in Florence: Europeans in Florence* lo staff dichiara:

"Noi di Art/Tapes/22 sentiamo che il video si trova su una frontiera avanzata del sistema delle relazioni dell'arte e la sua profonda strutturale immediatezza lo lancerà indubbiamente verso una posizione vitale in futuro (nei termini di una riorganizzazione, su questa base, del fare arte e comunicare). Per portare i nostri sforzi a una piena fruizione, la diffusione deve estendersi oltre il circuito esistente di gallerie e musei, per creare un sistema di scambio culturale incrociato 'open-ended'. È questa la spinta che motiva il nostro attuale allargamento di orizzonte, volto ad includere, nel nostro progetto, programmi educativo/formativi integranti idee da diverse discipline. Guardiamo alla televisione come ad una soluzione ideale, così che la gente non sia più obbligata ad andare nei musei, nelle gallerie, nelle università e nelle altre istituzioni a raccogliere informazione, ma possa giovarsi del riceverla nelle proprie abitazioni.

È molto importante insistere sul fatto che il video permette una circolazione di idee e non di oggetti. Essendo la sua vera natura illimitata, costituisce una vittoria sulla speculazione in campo artistico. Ha già iniziato a confondere le distinzioni fra le varie branche dell'arte e lo stesso avviene con la cultura nel suo insieme. Grazie alla sua natura, il medium del video unisce l'arte a molte altre discipline e funziona come catalizzatore per la corrente trasformazione di idee e di energie in più generali forme di espressione". (Art/Tapes/22, 1974)

STRUTTURA

2 video camere Sony SVC 3200 CE

1 lente zoom 12,5 - 75 mm.

1 lente zoom 16 - 64 mm.

1 lente quadrangolare 12,5 mm.

2 lenti a fuoco fisso 16 mm.

2 trepiedi Sony

1 trepiede Sampson con dolby

1 video camera commutatrice Sony C.M.S. 110 C.E. (3 input di camera)

1 video camera wiper (2 input di camera)

1 adattatore - camera Sony (per interfacciare la camera AV 3420 con il commutatore)

1 videoregistratore Sony AV 3620

1 videoregistratore Sony AV 3670 (con capacità di editing)

1 videoregistratore Sony EV 320 CE (con capacità di editing)

Sistema video portatile

1 portapack Sony

6 batterie BP 20

2 unità RF

Monitor

3 monitor b/n Sony CVM 90 UM 9 pollici/23 cm.

1 monitor a colori Sony trinitron 17 pollici/44cm.

Audio

1 mixer stereo Sony MX 12 M 6 input

2 microfoni a cardioide da studio Sennheiser MD 441 N

1 microfono a condensatore Sony ECM 21 B

1 registratore stereo Revox

1 equalizzatore stereo JVC SEA 10

Film

1 camera super 8 Canon autozoom 518

1 proiettore Super 8 Lyton 130

1 proiettore Bell/Howell 16 mm.

1 capera super 8 Hymart 135

1 proiettore diapositive Philips

Informazioni relative alla video produzione

Tecnici: 2

Aiuto tecnico: 1

Ore di lavoro allo studio: 7 ore al giorno (incluso il tempo di "set up")

Vitto e alloggio per due persone per la durata della registrazione del video.

Per favore spedire un progetto con indicati i tempi di produzione e di post produzione (editing).

Sono riservati i diritti di rinviare la produzione in caso di guasto agli strumenti.

Spazio:

3 spazi interconnessi sono disponibili all'uso per l'attività proposta. Ognuno ha un'illuminazione nel soffitto (250 Watts, 500 Watts di floodlights) più uno spotlight mobile e altre floods mobili.

PRODUZIONE

1972

Daniel Buren *Recouvrement et effacement*, b/n son. 2'

Giuseppe Chiari *Spoleto concert*, b/n son. 15'

1973

Vito Acconci *Home Movies*, b/n son. ingl. 30', 20 copie firmate e numerate

Indirect Approaches, b/n son. ingl. 30', 20 copie firmate e numerate

Full Circle, b/n son. ingl. 30', 20 copie firmate e numerate

Theme Song, b/n son. ingl. 30', 20 copie firmate e numerate

Vincenzo Agnetti *Documentario n. 2*, b/n son. ita. 8', 20 copie firmate e numerate

Giuseppe Chiari *Kunst Ist Einfach*, b/n son. 24'

Simone Forti *No title*, b/n son. 29', 70 copie firmate e numerate

Allan Kaprow *Then*, b/n son. 16'

Nancy Wilson Kitchell *Identity piece*, b/n son. 12'

Identification, b/n son. ingl. 12'

Sarkis *Un peu de cendre et beaucoups des marrons*, b/n son. 28'

Bill Viola *Halloway*, b/n son. 10'

1974

Eleanor Antin *Europa n. 1*, b/n son. ingl. 30'

John Baldessari *The Italian Tape, (Exclamations)*, b/n son. 8'

Alighiero Boetti *Ciò che sempre parla in silenzio è il corpo*, b/n son. 2'

Christian Boltanski *La vie c'est gaie la vie c'est triste*, v/n son. 25'

Quelques souvenirs de jeunesse interpreté par Christian Boltanski et sa fameus poupèe, b/n son. franc. 14'

Pierpaolo Calzolari *No title*, b/n son. 17'

No title, b/n son. 8'

Giuseppe Chiari *Concerto al buio*, b/n son. 30'

Il suono, b/n son. 20'

Spoleto Concert, b/n son. 23'

Andrea Daninos *Show of Everybody's Death*, b/n son. ingl. 8'

Douglas Davis *The Florence Tapes: Clothing Walking Lifting Learning*, b/n son. ingl. e ita. 22'

Gino De Dominicis *Videotape*, b/n son. ita. 4'

Marco Del Re *One small step for man, one giant leap for mankind*, b/n son. ita. 15'

Antonio Dias *Two musical models on use of multimedia: Rats music. Banana for two*, b/n son. ita. 14'

Illustration of art on the use of multimedia, b/n son. 14'

Frank Gillette *Three Tuscan Fields & The Birds of Madagascar*, b/n son. 30'

Taka Iimura *Self identity 1, 2, 3*, b/n stereo son. 20'

Field Works 1, 2, 3, b/n son, 25'

Joan Jonas *Merlo*, b/n son. 16', 20 compie firmate e numerate

Allan Kaprow *Third Routine*, b/n son. ita. 60'

Jannis Kounellis *No title*, b/n 25', 20 copie firmate e numerate

Richard Landry *Terri Split 19/2/74*, b/n son. 47', 20 copie firmate e numerate

Les Levine *Les Levine's Florence*, b/n son. ingl. 30'

Alvin Lucier *The Queen of the South*, b/n son. 30'

Urs Lüthi *Self portrait*, b/n son. 9', 30 copie firmate

Morir d'amore, b/n son. 30'

Andy Mann *Tutti i Bicocchi*, b/n son. ingl. e ita. 20'

Maurizio Nannucci *The Missing Poem is the Poem*, b/n son. 16'

Luciano Ori *Poesia visiva*, b/n son. 21'

Charlemagne Palestine *Body Music 1*, b/n son. 12', 20 copie firmate e numerate

Body Music 2, b/n son. 8', 20 copie firmate e numerate

Giulio Paolini *Unisono*, b/n son. 3'

Claudio Parmiggiani *Delocazione*, b/n son. 9'

Alberto Pirelli *Riconoscere il riconoscimento*, b/n son. 20'

Stay tuned, b/n son. 20'

Arnulf Rainer *Confrontation with my Video Image*, b/n son. 40'

Mouth Piece, b/n son. 6' (da montare)

Slow Motion, b/n son. 9' (da montare)

Willoughby Sharp *Break 1*, b/n son. ingl. 30'

Break 2, b/n son. ingl. 30'

Break 3, b/n son. ingl. 30'

Bill Viola *Eclipse*, b/n son. 8'

Gravitational Pull, b/n son. 10'

1975

Chris Burden *Afternoon at Portarossa Hotel*, b/n son. ingl. 27'

Car Nut, b/n son. ingl. 27'

Guru for Detroit, b/n son. ingl. 21'

Italian interview by Alexis Smith, b/n son. ingl. 22'

Sandro Chia *Di come il fuoco rigenera la candela*, b/n 30'

Tempo medio per un videotape, b/n 13'

The Navel-Less Singer, b/n son. 8'

Colette *There's No Place Like Home*, b/n son. 29'

Diego Cortez *Blood Methods*, b/n son. ingl. 8'

Marco Del Re *Una sadica indiscrezione di Marco Del Re*, b/n son. 28'

A theme for a race of survival, b/n son. 15'

Come sbarcare il lunario, b/n son. ita. 15'

Saphari horror, b/n son. 18'

Souvenir di Firenze - Tema di Piazza Vittoria, b/n son. ita. 30'

Souvenir di Firenze - Tema dell'acquario, b/n son. ita. 30'

Terry Fox *Lunedì*, b/n son. 25'

Peter Hutchison *Avocado*, b/n 15'

Les Levine *Pasta Levine*, b/n son. ingl. 12'

Gerald Minkoff *Frivolezza*, b/n son. ingl. 10'

The Sixtina Misunderstanding, b/n son. 6'

This is a Piano Piece, b/n son. 35'

Video blind: First touch. Second touch. Third touch, b/n son. 14'

Alberto Moretti *Il magico è la scienza della giungla*, c. 30'

Muriel Olesan *Basic music 1, 2, 3*, c. son. 10'

Jim, Jill and Jane, John, b/n son. 15'

Senza titolo, b/n son. 15'

Jean Otth *Portrait de Laura Papi*, b/n son. 12'

Lucio Pozzi *A Boetti Suggestion*, b/n 1'

Portrait of Maria Gloria, b/n 1'

Two times, b/n 10'

Up down, left right, b/n 10'

Allan Sondheim *Homing*, b/n son. 55'

Mike Steiner *Physionomie Einer Gesasse*, b/n 8'

Topografia del muro, b/n 10'

U.F.O. *Il giro d'Italia*, b/n son. 25'

Bill Viola *A Million Other Things*, b/n son. 13'

1976

Andrea Granchi *Il generale*, c. son. 10'

Fried Rosenstock *Sarcophagus*, b/n son. 60'

Cominciamenti
a cura di Valentina Valentini

postmedia books 2019
130 pp.
isbn 9788874902323

Finito di stampare nel mese di maggio 2019
ristampa settembre 2020

Postmedia Srl
Milano
www.postmediabooks.it

www.ingramcontent.com/pod-product-compliance
Lightning Source LLC
LaVergne TN
LVHW020337200726
843507LV00012B/2403